资源依赖对区域创新的挤出效应及其传导机制研究

海琴 著

本书得到内蒙古哲学社会科学规划办项目『内蒙古科技创新的攻坚重点和保障政策研究』（项目编号：2021NDC125）资助。

A STUDY ON EXTRUSION EFFECT OF RESOURCE DEPENDENCE ON REGIONAL INNOVATION AND ITS TRANSMISSION MECHANISM

图书在版编目（CIP）数据

资源依赖对区域创新的挤出效应及其传导机制研究/海琴著．—北京：经济管理出版社，2022.6

ISBN 978-7-5096-8483-2

Ⅰ.①资…　Ⅱ.①海…　Ⅲ.①区域经济学—研究—中国　Ⅳ.①F127

中国版本图书馆 CIP 数据核字(2022)第 107617 号

责任编辑：张莉琼　詹　静
责任印制：张馨予
责任校对：陈　颖

出版发行：经济管理出版社
（北京市海淀区北蜂窝 8 号中雅大厦 A 座 11 层　100038）
网　　址：www. E-mp. com. cn
电　　话：（010） 51915602
印　　刷：唐山玺诚印务有限公司
经　　销：新华书店
开　　本：720mm×1000mm/16
印　　张：12.5
字　　数：159 千字
版　　次：2022 年 7 月第 1 版　　2022 年 7 月第 1 次印刷
书　　号：ISBN 978-7-5096-8483-2
定　　价：78.00 元

前　言

在百年未有之大变局中，面对世界经济新格局与复杂多变的国际新形势，创新在我国现代化建设全局和发展全局中处于核心地位，只有通过提升国家和区域创新能力才能在应对挑战的同时提升可持续发展能力，才能在新一轮竞争中获取先机。我国正处于“十四五”时期建设社会主义现代化强国、步入创新型国家前列的开局关键机遇期，走好以生态优先、绿色发展为导向的高质量发展新路子的关键一招就是产业转型升级，其根本动力和唯一出路就是提升区域创新能力。特别是对于发展过度依赖资源的资源密集地区存在的产业结构问题，区域创新是驱动经济高质量发展与产业转型升级的驱动器与加速器，能够助力其摆脱资源依赖，因地制宜地发展，实现产业结构优化升级以及生态环境有效治理，推动经济社会走上真正意义上的创新驱动发展与高质量发展之路。

在实际省域或地区经济发展过程中，可以观察到资源依赖与创新能力有着一定关联，资源富集的地区往往在区域创新能力和生态环境保护上处于劣势，资源贫瘠地区反而在这两方面都相对注重并获取优势。由于在全球不同空间范围内资源挤出创新和资源促进创新两种现象并存，因此学术界经济学领域长期关注并研究资源开发和区域创新的关系。资源依赖对技术创新存在挤出效应，对经济增长存在门槛效应，而资源依赖是否对整体区域创新能力也存在挤出效应？区域创新能力是否反作用于资源依赖程度？厘清两者间的关系和传导机制，并探寻破解传导提升资源密集地区的区域创新能力的路径，对进一步细化“资源诅咒”内部技术挤出效应的机理有着一定的学理探讨价值。

本书首先在相关研究基础上界定相关概念，经过计算和划分后，得出我国发展过度依赖资源密集地区的结论。区域创新是指区域内创新主体依托创新资源与环境完成多样化的创新活动推动区域社会经济发展的能力，使用科技部权威数据区域创新能力指数来衡量。后续运用系统分析、制度分析、实证分析和案例分析等方法，对区域创新能力和资源依赖两者关系进行五个方面的研究：第一，资源依赖对区域创新挤出效应存在性的问题描述。从资源开发与经济增长关系、资源型产业规模与创新研发投入关系、经济增长与创新研发投入关系、资源开发与产业结构变迁关系、资源开发与生态环境关系、经济增长与民生社会事业发展关系等方面，对挤出效应的存在性进行经验分析和统计描述，据此建立本书理论模型。第二，资源依赖对区域创新挤出效应的存在性检验。基于数据的可获得性，本书采用系统 GMM 模型和 VAR 模型并使用 2001~2018 年全国 30 个省份的数据，验证了对资源型产业的过度依赖不利于区域创新能力增长，同时两者互相产生负向影响，极易形成恶性循环。第三，资源依赖对区域创新挤出效应的测度。基于宏观测度视角采用固定效应变系数模型对资源依赖对区域创新能力挤出效应的大小使用回归分析进行了测算，并按时间、地域分析了挤出效应形成的原因和后果。第四，资源依赖对区域创新挤出效应的传导机制识别。结合已有文献对资源依赖对区域创新能力挤出的主要传导机制进行理论分析，并对我国各省份挤出效应的各类潜在传导机制进行实证检验，系统剖析挤出效应的具体传导机制包括人力资本、对外开放、制造业发展和市场化水平。第五，提出资源依赖对区域创新能力挤出的破解路径。在上述分析基础上，本书对欧洲国家、日本、印度等在提升区域创新能力方面的成功经验进行梳理和总结，并提出可供借鉴和复制的做法与启示。同时，系统提出我国资源依赖较为严重的典型地区有效破解挤出效应现象的路径选择、综合思路和相关政策设计。

目 录

第一章　绪论

一、研究背景

国际上，世界进入工业化进程后，人类在进行产业革命过程中大规模开采与使用煤炭、矿产等能源，导致生态环境破坏严重、资源损耗过度。资源丰裕的国家或地区面临着资源枯竭和能源替代所引发的危机；国际市场上能源等初级产品价格频繁波动导致资源富集地区的“荷兰病”现象（Babeau et al.，1967），即产业层次低、结构单一，新兴产业发展不足；长期来看，过度依赖资源发展地区出现经济增长滞缓、腐败寻租、生态环境恶化、收入分配不均、社会不稳定等“资源诅咒”现象，这类地区有一个突出特点就是普遍存在创新能力逐步弱化的共性（Ding and Field，2005），而挤出创新能力是产生“资源诅咒”的重要原因；自21世纪以来全球经历了世界金融危机、新一轮科技革命、全球气候变化与生态环境压力以及疫情制约全球经济发展等，资源型区域面临着转型发展的重大战略选择，创新与绿色成为当前世界经济发展的主流。当今世界处于百年未有之大变局中，面对后疫情时代的世界经济新格局和复杂多变的国际新形势，只有通过提升区域创新能力才能在应对挑战的同时提升可持续发展能力（汤铎铎等，2020），在新一轮竞争中获取先机。

国内方面，随着工业化的深入，我国面临从粗放向集约、从乡村型社会向城市型社会、从东部率先发展向区域协调发展转变，统筹发展、科学发展、创新驱动发展、绿色发展等作为国家发展理念和战略相继提出；党的十八大以后，中国经济进入从高速增长向高质量发展转变、从传统经济向现代经济过渡、从要素驱动向创新驱动转变的转型升级关键阶段，区域经济发展所需的要素地位发生了巨大改变，自然资源的作用在逐步下降，区域创新能力取而代之，成为产业竞争中最重要的优势和资源。与此同时，我国资源密集地区不同程度地出现了经济增长波动、产业结构单一、生态环境恶化等问题，而亟待破解的突出难题就是资源依赖程度高的地区所面临的“四多四少”——传统产业多、新兴产业少，资源型产业多、高附加值产业少，低端产业多、高端产业少，劳动密集型产业多、资本科技密集型产业少（李猛、黄庆平，2020），表现出了经济增长短期波动剧烈、长期滞缓、产业结构刚性、全要素生产率低下等，原因是创新基础薄弱且区域创新能力匮乏，大大制约了该区域经济稳定、可持续、高质量增长。“十四五”时期中国处于重要战略机遇期，面对复杂多变的国际国内形势，创新是紧抓新一轮科技革命的唯一路径，也是高质量发展的应有之义（魏巍等，2020），对构建以国内大循环为主体、国内国际双循环相互促进的新发展格局中弥补产业链、供应链短板至关重要，对建设现代化国家和提升综合国力的意义尤为重大。资源型地区在创新驱动中所处的地位特殊，对实施创新驱动这一事关国家未来发展的战略有着至关重要的影响，因此必须要重视资源型地区区域创新能力的提高。

在实际省域或地区经济发展过程中，可以观察到资源密集与创新能力有着一定关联，资源富集的地区往往在区域创新能力和生态环境保护上处于劣势，资源贫瘠地区反而在两方面都相对注重并获取优势。但是并非所有资源富集地区创新能力都弱，美国、澳大利亚等创新型国家部分资源也非常丰裕，因此资源开发与区域创新的关系一直是经济学领域中关注的热点和难点问题。现有“资源诅咒”相关文献得出结论：资源依赖对技术创新存在挤出效应，对经济增长存在门槛效应（邵帅等，2013），而资源依赖是否对整体区域创新能力也存在挤出效应？区域创新能力是否反作用于资源依赖程度？厘清两者间的关系和传导机制，并探寻破解传导提升资源型地区的区域创新能力的路径，对进一步细化“资源诅咒”内部技术挤出效应的机理有着一定学理探讨价值。理论研究和实证研究的结果表明，世界上不同空间范围的地区均存在着资源挤出创新和资源促进创新并存的现象。借鉴国外经验与实践，从我国具体的国情出发，深入研究和探讨我国资源密集地区的区域创新能力挤出现象，成为国内理论界和实际部门关注的重点问题。

二、研究意义

（一）理论意义

深入挖掘资源与区域创新两者的关系，有助于从创新发展视角剖析资源诅咒理论和内部机理。学术界长期持续关注自然资源对于经济增长和社会发展的影响和作用，早期的经济学家认为自然资源作为一种生产要素对经济增长有着促进作用，丰裕的资源有助于带动工业化的起飞、形成初始产业布局，从而使经济快速增长，资源优势还能通过资本积累带动技术含量较高的制造业发展，提升地区知识进步，同时充足的资本能够流向创新部门和领域，区域创新能力会随着经济增长而增长。自 20 世纪 60 年代以来，多数资源密集国家开始出现衰落，经济增长反而受到自然资源丰裕的限制甚至拖累，区域经济陷入所谓的“资源诅咒”，同时发现制约资源密集地区发展的主要原因是其产业结构中技术密集型产业比重日趋降低，区域创新活力和经济可持续性大幅降低。学术界对这两种互相矛盾的理论一直存在着争论和研究，至今未有定论。本书深入挖掘资源依赖与区域创新两者之间的关系，将挤出效应、双向作用和传导机制纳入研究中，有助于丰富资源诅咒传导机制的相关理论研究，对进一步细化“资源诅咒”内部技术挤出效应的机理有着一定学理探讨价值。尽管学界目前已经总结出部分挤出效应结论作为解释资源诅咒产生的原因，但挤出效应的成因会由于时间推移、空间差异等而复杂多样，因此深入研究其内部传导机制是非常有必要的。本书将人力资本、物质资本、制造业发展、对外开放和市场化程度等因素纳入挤出效应的传导机制中，对于丰富挤出效应传导机制的理论有重要意义。

（二）实践价值

当前正处于百年未有之大变局，面对后疫情时代的世界经济新格局与复杂多变的国际新形势，创新在我国现代化建设和发展全局中处于核心地位，基于新时代背景、新经济形势以及新挑战确立新的科技创新战略意义重大，尤其是在双循环背景下如何系统性扭转与解决传统过度注重外循环导致核心技术对外依存度高以及关键核心技术“卡脖子”问题意义凸显。我国正处于建设社会主义现代化强国、步入创新型国家前列的开局关键机遇期，走好以生态优先、绿色发展为导向的高质量发展新路子的关键一招就是产业转型升级，其根本动力和唯一出路就是提升区域创新能力。尤其是对于资源密集地区存在的产业结构问题，区域创新是驱动经济高质量发展与产业转型升级的驱动器与加速器，能够助力其摆脱资源依赖、因地制宜地发展，促进产业结构合理地转型升级以及生态环境有效治理与保护。提高资源密集地区区域创新能力，以创新资金、技术、人才、制度和管理创新等关键要素为驱动力优化区域创新生态系统，有助于资源密集地区破解“资源诅咒”，实现多元产业结构和资源的节约利用，对这些地区经济结构转型与高质量发展，均具有重要的现实意义。同时，厘清并解决迈向创新型国家前列面临的突出问题，推动我国经济社会走上真正意义上的创新驱动发展与高质量发展之路。

三、文献综述

（一）“资源诅咒”方面

古典经济学认为自然资源是一国的重要经济来源，是经济体发展的关键物质基础。开发和利用能源资源有助于快速积累资本，资源禀赋为区域经济增长和发展提供了必需的原料、能源和资本。进入 20 世纪中后期，经济发展模式开始转变，现代工业兴起，出现了资源密集的国家和地区反而经济发展速度放缓甚至出现负增长的现象。直到 1993 年“资源诅咒”这一概念首次被 Auty 提出，其认为资源富足的国家或地区经济增长状况反而不如资源相对短缺的地区，资源优势未能有效促进经济增长，反而出现负作用。后续学者用大量的实证研究证明普遍存在资源密集不利于经济增长的现象（Brunnschweiler and Bulte，2008）。“资源诅咒”研究在我国起步晚于国外，我国学者主要研究中国省际或城市层面是否存在“资源诅咒”现象及其内部传导机制，同时涉及资源型产业主导的区域转型发展路径（邵帅、杨莉莉，2010；林燕华，2014）。学术界已认可经济发展与资源富足存在线性关系，但针对资源负作用于经济发展仍有争议。Maloney 等（2002）认为“资源诅咒”属于阶段性现象，在工业化时期资源作为要素必然发挥正向作用，仅使用 20 世纪后期的数据样本时间过短，结论不全面、不可信（Maloney，2002）。同时，国内外还有“资源祝福”与“资源诅咒”共存的观点，认为资源禀赋抑制经济增长是有条件的，并非必然现象。薛泽帅（2019）认为强调资源依赖负作用于经济增长的资源诅咒观点相对片面，存在门槛效应，当资源型产业比重超过拐点之前是福音即促进经济增长，当超过拐点后变为诅咒即抑制经济增长。刘耀彬和黄梦圆（2015）通过实证研究验证了在城市化发展中对能源资源开发所作的贡献受资本投入、制度、科技投入和教育水平等多种条件变量影响。姚毓春和范欣（2014）通过实证分析得出中国省级层面 1991～2011 年阶段性存在有条件“资源诅咒”。Kurtzets（1989）则基于 1979～2007 年较长时间跨度的跨国样本数据分析得出“资源诅咒”有条件存在，其中最重要的条件变量是对外开放水平和人力资本。Singer（1950）、刘耀彬和黄梦圆（2015）采用门限回归方法验证了资源诅咒存在的门限条件变量为制度质量和金融发展。“资源诅咒”有条件存在的观点逐渐兴起。

进一步挖掘“资源诅咒”现象的传导机制发现：多数研究认为挤出效应、“荷兰病”效应和制度弱化是主要传导路径。其中挤出效应（邵帅、齐中英，2009）是指对资源型产业的过度关注和投入，吸引了各类要素的集聚，挤占了对教育和创新研发等方面的投入，进而削弱了其他产业的发展势头。赵康杰和景普秋（2014）认为我国资源密集地区陷入“资源诅咒”主要是由经济社会发展中的物质资本和人力资本被资源挤出引发的。“荷兰病”效应（Sobel，2008；Sollner，1961）是指区域内劳动力和要素成本的价格会因为资源型初级产业繁荣而上升，其他产业特别是制造业发展成本攀升、利润下降、发展滞缓。我国大多资源富集地区的政府财政收入的主要来源是煤炭资源的开发和利用，经济发展模式过度依赖资源开发导致产业结构失衡，出现了较为明显的“荷兰病”效应。目前国家针对此类地区已经实施了产业结构调整优化的各类政策措施，这类资源富集地区的产业结构和劳动力结构有明显改善。制度弱化效应（Sollner，1961；董利红等，2015）是指高收益高利润的资源型产业繁荣容易引起政府腐败、企业寻租、分配失衡、社会冲突等。目前我国政府掌握自然资源的所有权和开发权，且我国长期处于和平状态，故制度弱化效应的实证研究和合理性解释相对缺乏。王品一（2018）认为资源富集地区高能耗高污染、低附加值的发展模式受到现实制约，单纯开采开发能源资源的发展不可持续，产业转型升级迫在眉睫。郭爱君（2017）认为过度聚焦于资源型产业的地区产业结构无法实现及时有效的转型升级，容易使区域产业发展陷入恶性循环。

综上所述，基于学者们的研究总结为三种观点：一是“资源诅咒”现象客观存在。自然资源在短期内会促进一国经济增长，但长期内会制约经济增长。资源依赖通过制度质量对经济增长产生了间接的负面影响。二是“资源诅咒”不存在。“资源诅咒”现象主要是信贷市场不健全引起的，与自然资源是否富足无关。三是“资源诅咒”有条件存在。把政府干预、开放程度、市场投资等作为控制变量时，经济增长受资源富集度的负相关影响不再显著。

自然资源对经济增长具有门槛效应，当自然资源资本占总资本比重超过某一门槛时，自然资源对经济增长的作用将由正向作用转为负面消极影响。较多学者从省级层面验证了在我国西部、东北地区等存在“资源诅咒”现象，并认为技术挤出是产生“资源诅咒”的重要传导因素。

（二）区域创新方面

约瑟夫·熊彼特是较为系统提出“创新理论”（Schumpeter，1934）的鼻祖，他认为发展是从由内部自主发生的变化，而非外部环境改变或外部强加。因此，由人口和资本的增长所导致的经济增长不能称为发展，由创新作为内在力量推动的经济规模增长或质量提高才能称之为发展。他强调创新不是技术概念，而是经济概念，创新是把生产要素和生产条件进行重新组合并引进生产体系中构建新生产函数，包括新产品、新生产方法、新市场、新供应来源和新组织形式，既包含技术创新也包含管理创新和组织创新，同时强调创新的主体是企业家，故“创新”一词并非单指技术创新，而是内涵丰富的综合性创新。根据其市场化内涵，创新还强调生产出创新成果转化为商业价值的潜在能力。

在界定区域创新能力内涵领域，新经济增长理论将区域创新能力定义为某地区知识和技术发展状况的综合反映，是区域所具有的一种潜力。创新网络理论将区域创新能力定义为一种包括地区政府科技投入、企业创新能力、创新环境等因素在内的网络集结能力（顾新等，2014）。创新系统理论将区域创新能力定义为区域内的创新主体运用创新资源、协调与推动区域创新活动的能力。创新理论将区域创新能力定义为在某一区域内合理配置如信息、人才、技术和资金等创新资源，运用技术基础设施结合多种手段完成多种类型不同层次的创新活动，进而促进经济和社会发展的能力（王丰阁、刘敏，

2018)。从整体来看,学者们对于区域创新能力概念的界定已基本达成共识,可以简单地将区域创新能力界定为区域内的创新主体,依托创新资源与环境,通过创新活动,推动区域社会经济发展的能力。区域创新能力影响因素主要包括企业、高校、科研机构等创新主体,同时还有研发投入、外商投资、政府资助、人力资本积累、社会关系等创新资源,政策、市场、金融、产业、自然等创新环境(李新安,2020)。

在评价区域创新能力方面,国内外学者采用适当的数理统计方法,构建了符合区域特色综合性评价指标体系,并且横向比较分析了空间差异性,纵向比较分析了时空动态性。以研究对象分类,分别有以省域为研究对象(柳卸林等,2021;解学梅、刘晓杰,2021)、以城市为研究对象(林纯静,2019)和以特定的产业园区为研究对象(周平录,2020)构建区域创新能力指标体系。从构建效果来看,构建最终指标会受到区域创新的特殊性影响而产生较大差别。一般而言,指标体系的最终指标会随着区域界定的范围变化,界定范围越大,指标体系的最终指标就越多。从评价方法来看,使用较多的方法是因子分析法、数据包络分析法、层次分析法、主成分分析法、模糊综合评价法、灰色关联分析法、结构方程模型等。在省域创新能力指标体系方面,目前公认为最权威的指标体系来源于《中国区域创新能力评价报告》,它以创新实力、创新效率、创新潜力为视角构建了五个二级指标,包括知识创造、知识获取、企业创新、创新环境和创新绩效,又细分为 137 个三级指标。此外,还有研究考虑到系统性、可观察性、可比性原则,构建了三个二级指标,包括创新投入、创新产出、创新环境,又细分为 18 个三级指标(宋帅邦,2020)。也有学者按照不同区域特点构建了四个二级指标,包括技术创新能力、知识创新能力、创新基础环境、政府支持与服务,又细分为 19 个三级指标(瞿孙平,2014)。通过综合性指标评价区域创新能力后发现,以空间划分，东部地区高于西部地区，长三角、珠三角及京津冀地区全国领先（王雅洁、张淼，2020），省域科技创新发展存在明显的核心—边缘空间格局（张鑫等，2020）。以时间划分，区域创新能力基本均呈上升趋势，且西部地区区域创新能力的增速明显高于东部地区，长江经济带各省市的区域创新能力增速逐年减缓，京津冀区域创新能力呈现较快的上升态势（王钺、胡春阳，2020）。

（三）两者关系

资源丰裕度与创新能力之间存在的作用关系已经得到学术界认可，但针对两者直接关系和内部传导机制仍然存在争议，主要有三种观点：观点一是自然资源禀赋会对区域技术创新存在明显的挤出效应。传导通过三种路径：一是制造业的“干中学”效应（Papyrakis and Gerlagh，2004，2007；Perroux，1950），即丰裕的自然资源会吸引劳动力集中于初级产业，削弱了制造业部门的劳动力和资本投入，加剧了错失制造业技术进步的风险，降低了经济长期潜能和短期增长速度；二是“贪食效应”（Cerny and Filer，2007），即市场中不同利益主体在攫取资源时获得经济诅咒会弱化社会制度效力，影响市场公平和科技进步，进而负向影响经济的长期增长；三是人力资本的流失（Stijns，2006；李强等，2020），即较高的资源租金会使初级产业部门吸引更多的企业家和创新者，不利于激发企业家精神、激活社会创新力，经济缺乏可持续推动力和发展效率，如忽略资源开采部门存在技术创新，资源丰裕会减少劳动力供给，直接抑制区域创新，还会使创新部门劳动力投入减少，降低知识增长率，间接抑制区域创新。劳动力特别是技术密集型人才会被资源较高的价格所吸引，聚焦于从事技术含量较低的初级资源开采工作，直接导致创新领域和制造业出现劳动力大量流失，从而抑制区域创新并削弱经济长期可持续增长的潜力。通过国内国外定量分析得出一致结论，资源富集地区确实存在技术创新能力不足的事实，进而陷入“资源诅咒”，技术创新是规避资源诅咒的有效措施。观点二是挤出效应不存在，资源依赖通过降低制度质量对区域技术创新产生的是间接的负面影响（Stevens，2005；Ravallion，2010）。观点三是挤出效应有条件存在（Baland and Francois，2000），把市场投资、对外开放、政府干预等作为控制变量时，资源富集度对区域技术创新的负向作用不再显著（Easterly，2002）。自然资源对技术创新具有门槛效应（Arellano and Bond，1991；邵帅、齐中英，2008），当总资本中自然资源占比超过阈值时，资源对区域技术创新的作用将由正向作用转为负面消极影响。技术创新能力欠缺和人力资本投入不足是我国省级层面资源挤出创新的关键因素（张丽、盖国凤，2020），通过加大科技投入、提高教育水平、优化创新生态、提升市场化水平、扩大开放、严格控制自然资源的利用和开采等措施，在某些地区能够有效提升区域创新能力（杜栋、王锋正，2015；田颖、刘林，2019；常乐，2020）。

除少量直接研究两者关系的文献外，多数文献涉及经济转型和产业结构，认为创新是促进资源型产业转型升级的第一动力。迈克尔·波特（2002）认为国家发展需要经历四个阶段，即要素驱动、创新驱动、制度驱动、财富驱动，创新是工业化进程中经济持续发展的动力源泉（Rostow，1991）。刘丹和姚平（2011）认为创新驱动是资源密集地区产业结构调整、摆脱“资源依赖”的最重要路径，只有创新才能够实现产业从初级向深加工和新兴产业的转型升级。刘那日苏（2019）认为目前我国资源型产业发展问题日益凸显，国家实施创新驱动发展战略是技术创新、产业转型升级的最有效措施。安树军（2019）认为经济发展质量与该区域创新能力直接相关，一方面通过技术创新能够助推优化产业结构、提升增长效率、提高能源利用效率和有效治理生态环境；另一方面通过制度创新能够提高市场化程度、减少政府干预、合理配置要素资源、发展非国有经济，从而提升经济发展质量。综上所述，创新驱动助推资源型产业转型升级，推动经济高质量增长。

（四）文献评述

通过对以上综述的梳理发现，国内外学者对于资源依赖和区域创新方面都分别有着丰富的研究，由实践到理论总结较为充分，典型案例分析较多，但仍存在以下不足：一是资源诅咒主要集中在资源依赖程度对于经济增长方面的影响及其传导，技术仅作为影响经济增长的其中一个传导中介确实存在挤出效应，而在资源依赖对技术创新能力的直接影响方面学者们研究较少，两者作用关系的薄纱仍未被完全揭开。二是仅强调资源依赖对创新能力的单方向传导，未涉及两者的互动关系。三是技术创新能力不等同于区域创新能力，它包括除技术创新行为之外的企业、机构、设施、政策等全方位多主体的生态环境，所有研究两者关系的文献中全部使用的是技术创新概念。四是现有研究提升区域创新能力的文章大多就创新研究创新，未将创新与产业结构调整、经济发展模式、社会环境优化紧密衔接。为此，本书要在解决上述理论研究相对缺乏和应用研究明显不足方面进行新的尝试。

四、研究目标、内容和逻辑

（一）研究目标

本书研究对象是我国资源依赖对区域创新的挤出效应及其内部传导机制。

通过相关文献梳理，先对相关概念进行界定，使用合理指标建立模型，运用2000年以来省级数据，采用GMM方法和VAR模型实证研究资源依赖和区域创新能力两者的互动关系，对资源依赖对区域创新挤出现象的存在性进行检验与测度，探讨两者相互作用的形成机理，据此探寻资源密集地区破解挤出效应的路径选择和政策建议，为我国资源密集地区产业结构转型与高质量发展提供参考。

（二）研究内容

本书研究内容为资源依赖和区域创新两者关系。其中，资源是指自然资源，界定为与地区经济发展、产业结构紧密相关的能源矿产资源，并非普遍意义上的资源，衡量资源依赖程度时使用资源诅咒指数，即一次能源产量在全国占比除以第二产业产值在全国占比得到的数值。经过计算和划分后，得出资源诅咒高危区和严重区为我国发展过度依赖资源的七个资源密集地区。区域创新指区域内创新主体依托创新资源与环境完成多样化的创新活动推动区域社会经济发展的能力，使用科技部权威数据区域创新能力指数来衡量。

本书共包括七章：第一章阐述研究背景和意义，梳理国内外相关研究进展并作出评述，明确研究目标、框架、方法和可能的创新点；第二章在界定相关概念的基础上，对资源依赖对区域创新挤出效应的存在性和相关因素关系进行问题描述，据此提出理论框架和模型；第三章采用系统GMM模型研究了资源依赖对区域创新挤出效应的存在性进行了实证分析，并构建VAR模型选择脉冲响应函数验证两者相互作用关系；第四章基于宏观测度视角采用固定效应变系数模型对资源依赖对区域创新能力挤出效应的大小使用回归分析进行了测算，并按时间、地域分析了挤出效应形成的原因和后果；第五章结合已有文献对资源依赖对区域创新挤出效应的主要传导机制进行理论分析，使用系统 GMM 估计法进行实证检验，据此结果针对具体传导机制进行系统剖析；第六章梳理和总结其他国家在破解资源依赖挤出区域创新上的成功经验和可供借鉴复制的做法与启示，针对我国资源密集地区指出具有针对性的破解路径设计和政策保障体系；第七章总结主要结论、不足与展望。

（三）研究逻辑

根据上述研究内容，本书研究逻辑如图 1-1 所示。

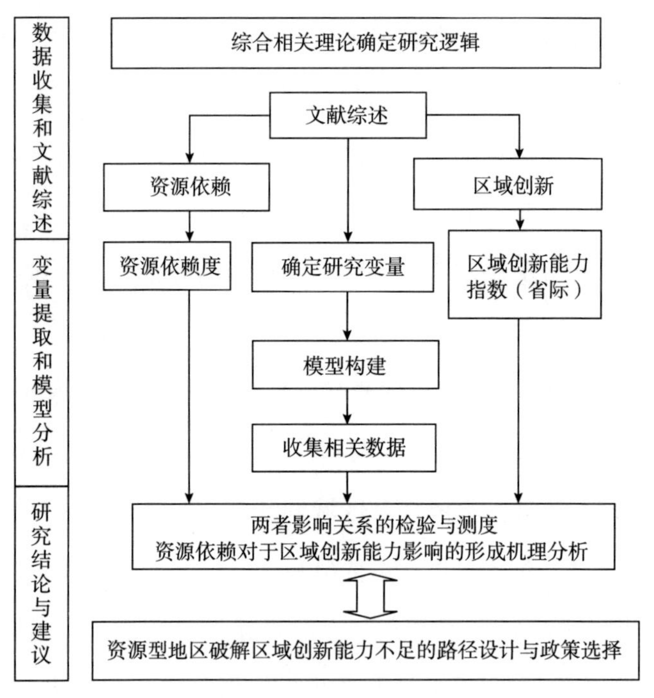

图 1-1　本书的研究逻辑

五、研究方法及可能的创新点

（一）研究方法

（1）统计分析法。统计分析是本书开展研究活动的基本工具。通过统计指标分析，一方面从经验上描述近年来中国省级层面资源依赖度对于区域创新能力挤出现象的特征及变化趋势；另一方面使用统计分析研究资源密集地区资源开发对经济增长、创新研发投入、产业结构、生态环境、民生社会事业等经济社会指标产生的影响。

（2）系统分析法。系统分析方法强调从系统的整体视角去考察和研究客观世界，属于跨学科系统科学中的科学方法论。现有文献虽然对资源富集地区技术创新能力不足现象的存在性和程度进行讨论，但都未能深入挖掘其内部结构和与外部系统的联系。本书使用了系统分析法探讨资源型地区区域创新挤出效应形成机理和综合破解路径，较好地解决了上述问题。

（3）实证分析法。计量经济学中的模型能够将现实中的经济现象和相关影响因素用方程和变量来表示，以便对数量关系进行挖掘研究。本书在检验资源密集地区区域创新能力的存在性及其形成机理时运用了计量分析方法，包括系统动态面板广义矩估计方法、构建向量自回归模型、使用脉冲响应函数等，试图揭示导致挤出效应现象存在的各类影响因素，以及挤出效应对经济社会造成的影响。

（4）制度分析法。从经验判断来看，21 世纪以来资源密集地区之所以能够快速发展，主要原因是通过政府扶持实施了赶超战略，各级地方政府实施的“产业跃进”和“产业保护”是陷入“资源诅咒”的重要原因。本书采用制度分析方法对资源密集地区区域创新能力挤出效应进行因素分析，既能够看清导致挤出效应的症结所在，也能够说明经济结构转型、全面深化改革开放过程中科学合理的制度供给对于提升区域创新的重要性和紧迫性。

（5）文献归纳法。本书收集整合国内外关于资源依赖挤出区域创新的相关研究，梳理理论发展脉络能够更为全面、更为深入地把握关于挤出效应的基础和前沿动态。在对自然资源与区域创新、经济发展与区域创新关系的文献分析和综述的过程中寻找当前研究空白，确定了从创新视角研究“资源诅咒”的传导机制切入。文献归纳分析帮助本书确定研究方向并奠定坚实的理论基础。

（6）案例分析法。在国内外不同空间、不同时间、不同类型的资源密集地区产业中，在破解挤出效应，提升区域创新能力上有着宝贵的经验和启示，能够为我国不同发展阶段的资源密集地区提供适合本地区通过区域创新来实现产业转型升级的经验。本书采用了案例分析方法，力图从经典案例的经验中获得我国资源密集地区通过区域创新来驱动经济转型升级的启示。

（二）可能的创新点

（1）视角创新。一方面，直接研究资源依赖与区域创新两者关系和传导机制是一个新的尝试，在总结前人研究成果的基础上，从资源依赖程度对于区域创新能力的负面效应和区域创新能力对资源依赖的反作用进行双向研究，识别挤出效应传导机制，有利于进一步挖掘资源诅咒内部的作用机理；另一方面，本书未将区域创新能力仅止于技术创新，而是依据其内涵，将创新与产业结构调整、经济发展模式、社会环境优化紧密衔接，以延伸的视角强调创新链与产业链的紧密结合、创新的最终目的是驱动经济社会高质量发展。

（2）研究路径创新。本书基于我国省级层面数据，采用系统GMM估计和VAR模型的脉冲响应函数分析法、区域创新能力指数和资源依赖指数等对挤出效应存在性进行多维度识别和回归测算，并对各类潜在传导机制进行实证检验，从而识别出挤出效应的传导机制，为提出更富有针对性的破解机制提供了实证依据。

（3）研究结论有所创新。本书验证了资源依赖对区域创新的挤出效应确实存在，同时区域创新能力反作用于资源依赖，并对我国资源依赖挤出区域创新的强度进行了测算和分析，同时验证了挤出效应的具体传导机制，包括人力资本、对外开放、制造业发展和市场化水平四个主要因素。针对实证研究结果提出破解挤出效应的路径选择和配套政策，为我国资源依赖较为严重的典型地区有效破解挤出效应、提升区域创新能力提供政策参考。

本章小结

我国资源密集地区是否存在区域创新能力挤出效应、避免挤出效应的路径选择和有效政策措施，这一理论命题和实践课题关系着我国能够实现创新驱动高质量发展、我国经济能够顺利转型升级，对于学术界和实践部门有着重大的理论和实践价值。

目前国内外文献很多从“资源诅咒”传导机制角度提供了具有较高意义的研究成果，直接研究资源与创新的国外研究也逐渐兴起，但总体上看，这些研究成果与中国实际存在着某种“脱节”现象，还不能直接用来指导中国地方经济发展实践，因此需要我们在充分吸收现有研究成果的基础上，结合中国地方经济实际开展深入和有针对性的研究。通过梳理，我们可以看到：一是资源诅咒主要集中在资源依赖程度对于经济增长方面的影响及其传导，技术仅作为影响经济增长的其中一个传导中介确实存在挤出效应，而在资源依赖对技术创新能力的直接影响方面学者们研究较少。二是关于我国资源挤出创新的形成机理的理论研究成果也不多见。三是仅强调资源依赖对创新能力的单方向传导，未涉及两者的互动关系。四是大多使用技术创新去涵盖了区域创新这一综合概念。五是缺乏对典型地区系统、综合和全面的案例研究成果。六是缺乏经济发展新常态下我国资源富集地区有效破解技术挤出现象的综合路径和政策建议的研究成果。为此，本书要在解决上述理论研究相对缺乏和应用研究明显不足方面进行新的尝试。

本书总体研究思路是，通过对相关文献进行梳理，首先对相关概念进行界定，其次对资源依赖对区域创新的挤出效应进行测度与检验，探讨两者相互关系及其内部形成机理，最后提出破解区域创新挤出效应的路径选择和相关政策建议，从而为我国资源密集地区摆脱“资源诅咒”、推动产业机构转型升级、经济社会高质量发展提供参考。

第二章　资源依赖对区域创新的挤出效应存在性的问题描述

一、相关概念探析

（一）自然资源

本书关键词——自然资源，是经济社会发展和生态环境保护的核心要素，处于国计民生的基础地位。《辞海》给出了关于自然资源的定义，即一种自然物，它自始至终天然存在，并具备可持续利用的价值，如地球上的土地、气候、生物、海洋等（李天籽，2007）。在现代社会中，联合国将其解释为一定时间与空间内具备一定经济价值并能为人类社会现在和未来带来福祉的环境要素，其具有以下几点特性（杨皓然，2011）：一是自然资源的稀缺性。自然资源与人类持续增长的物质和精神需求相比，呈现出逐渐短缺的特性，因此无论在人类的日常生活中还是涉及经济发展都必须遵循自然资源合理配置的原则。二是自然资源的非平衡性。从空间视角出发，分析世界上不同地域范围的矿产资源分布，就能看出自然资源存在一定的差异性，专家学者从中分析出各个区域间的差异性及差异性对该区域发展的影响。三是自然资源的关联性。存在于同一自然界的各种资源并非呈现对立或分离的状态，它们相辅相成，共同构建了完整的生态资源系统。因此，在人类的经济活动中，一定要遵循合理开发的原则。四是自然资源的延续性（陈维青，2012）。随着社会的发展，人类的生产力和生产工具也在不断发展，与此同时，人类探索自然资源的深度与广度也在不断加大。综上所述，自然资源作为关键要素，是地区或国家经济社会发展、物质财富积累和生态环境可持续的根基。本书所探讨的自然资源将界定为与地区经济发展、产业结构紧密相关的能源矿产资源。

（二）资源密集地区

所谓资源密集型地区是指自然资源丰富程度高的地区，通常用资源丰裕度和资源依赖度两种完全不同的指标来衡量（见表2-1）。自然资源丰裕度一般用绝对资源储量、地均资源占有量或人均资源拥有量等来评估，而自然资源依赖度一般用当地产业发展中对资源型产业的依赖程度来评价（张宁亭，2016）。本书所指的资源密集型地区是用资源依赖度作为衡量指标，指以开采、加工当地自然资源等初级产业为主导的地区，这些地区是重要的战略资源保障基地，同时也是我国经济持续健康发展的支撑和载体。本书将会使用资源诅咒指数这一概念，通过测度某地区自然资源富集程度与经济增长速度之间的偏离程度，来评估我国各省份资源密集程度。在我国，资源型地区是指以本地区矿产、森林等自然资源开采、加工为主导产业的地区。目前，我国主要包括 262 个资源型城市。其中，地级行政区有 126 个，县级市有 62 个，县域有 58 个，市辖区（开发区、管理区）有 16 个。资源型地区作为我国重要的战略资源保障基地，是国民经济持续健康发展的重要支撑和空间载体。本书将使用资源依赖度衡量各省份是否属于资源密集地区。

表 2-1　资源丰裕度和资源依赖度指标的对比

指标	定义	度量方法
资源丰裕度	一国或地区各类自然资源的丰富程度，或者说可利用于社会经济发展的自然资源的数量（邵帅、杨莉莉，2010）	绝对资源储量
		地均资源占有量
		人均资源拥有量（孙永平、叶初升，2012）
		人均原煤产量（邵帅、杨莉莉，2010）
资源依赖度	又叫资源产业依赖度，一国或地区经济对于自然资源生产的依赖程度（邵帅、杨莉莉，2010）	初级产品部门就业比重（Gylfason，1999）
		初级产品部门产值占 GDP 比重（Sachs and Warner，2001）
		采掘业固定资产投资占固定资产投资总额的比重（徐康宁、王剑，2006）
		资源行业总产值与 GDP 的比重（孙永平、叶初升，2012）
		采掘业从业人数占全部从业人数的比重（邵帅、杨莉莉，2010）

（三）区域创新能力

区域创新能力是指在某一区域内合理配置如信息、人才、技术和资金等创新资源，运用技术基础设施结合多种手段完成多种类型不同层次的创新活动，进而促进经济和社会发展的能力（柳卸林，2002）。同时，根据创新的市场化内涵，区域创新能力还强调区域创新产出能否转化为商业价值的潜在能力，它是特定区域为满足市场需求将知识转化为新产品、新工艺、新流程、新原料来源、新市场、新服务的能力（陈玉川，2012）。据此国内外学者形成了多种综合指标体系来评价区域创新能力，本书使用的是中国科技发展战略小组研发的区域创新能力评价指标体系。

（四）挤出效应

挤出效应原意是指由于政府增加支出引发市场上降低私人消费或投资的后果（杜金岷、陈建兴，2020）。后引申至 FDI 的技术挤出效应，指国内投资受到外商直接投资冲击，导致本地技术进步和生产率增长受到抑制、阻碍技术扩散或先进技术情报被窃取等引起的负面效应（陈柳、刘志彪，2006）。本书所指的挤出效应是指自然资源禀赋对区域技术创新存在负面效应，资源富集地区确实存在技术创新能力不足的事实，技术挤出是西部地区遭遇资源诅咒的主要原因之一（孙焱林等，2019）。资源富足一方面会通过降低劳动力供给水平直接抑制经济增长，另一方面还会通过降低相关部门劳动力投入的比重使知识的增长率下降进而间接阻碍经济增长（朱万里、郑周胜，2018）。自然资源丰裕和资源价格较高，使劳动力从技术含量相对较高的制造业和 R&D 相关部门流动到缺乏技术含量的初级资源开采工作中，导致技术创新减缓和长期经济增长潜力下降（孙毅，2012）。

二、存在性问题描述

相关文献表明，当某个地区或国家出现了丰裕的自然资源抑制区域创新的情况时，就会导致当地的资源型产业与该地区创新能力、经济增速、产业结构、生态环境以及民生事业等方面产生连锁反应，甚至会在短期内发生走势相斥的现象（邵帅、杨莉莉，2011；郑猛、罗淳，2013；薛雅伟等，

2019）。本节首先说明我国要素禀赋分布情况，再从以上关联现象中对我国资源密集地区区域创新能力挤出效应的存在性进行统计描述。

（一）资源禀赋状况

我国自然资源储量大，但是地区分布不均衡。自然资源作为经济增长的重要因素之一，尽管现阶段国民经济对自然资源的依赖不断弱化，但是在工业化进程中，自然资源仍然对经济增长起着重大作用。目前，世界上经济强国如美国、德国等工业快速增长阶段都曾得益于自然资源。我国自然资源储量大，种类丰富，煤、铁、天然气、有色金属等重要自然资源的储量都居世界前列，自然资源形成的资本占国民财富的比重超过了 5%。根据《中国矿产资源报告 2020》，2019 年，我国煤炭、黑色金属矿产和主要非金属矿产的查明资源储量均有所增长，但增速有所放缓，这与我国经济阶段转变对能源矿产的供应提出了新要求息息相关。我国自然资源储量的地区分布不均衡。从区域分布来看，我国自然资源主要分布在中西部地区，东部地区储量较少；从省级分布来看，山西、陕西、内蒙古、新疆等自然资源丰富，北京、上海等自然资源匮乏。

我国能源总量增速较快，且呈现持续增长的趋势，和其他资源相比，煤炭生产总量的占比依旧稳固。其中，2016 年我国能源生产总量呈现大幅度下滑的趋势，随后两年又有逐步上升的态势，2019 年资源总量已超过了 2014 年的峰值。以其结构分布来看，当前我国的核电、风电、水电等清洁型能源的比例逐年攀升，天然气的占比逐渐提升，原油和原煤产量占比呈下降趋势（郭启光，2018）。即便如此，历年来原煤资源的占比依旧达到了将近 70%的比例，煤炭资源依旧占据着我国能源生产的主导地位（见表 2-2 和图 2-1）。

表 2-2　1978~2019 年中国一次能源产量及构成

年份	一次能源生产总量（万吨标准煤）	占一次能源生产总量的比重（%）			
		原煤	原油	天然气	一次电力及其他能源
1978	62770	70. 3	23. 7	2. 9	3. 1
1980	63735	69. 4	23. 8	3. 0	3. 8
1985	85546	72. 8	20. 9	2. 0	4. 3
1990	103922	74. 2	19. 0	2. 0	4. 8
1991	104844	74. 1	19. 2	2. 0	4. 7
1992	107256	74. 3	18. 9	2. 0	4. 8
1993	111059	74. 0	18. 7	2. 0	5. 3
1994	118729	74. 6	17. 6	1. 9	5. 9
1995	129034	75. 3	16. 6	1. 9	6. 2
1996	133032	75. 0	16. 9	2. 0	6. 1
1997	133460	74. 3	17. 2	2. 1	6. 5
1998	129834	73. 3	17. 7	2. 2	6. 8
1999	131935	73. 9	17. 3	2. 5	6. 3
2000	138570	72. 9	16. 8	2. 6	7. 7
2001	147425	72. 6	15. 9	2. 7	8. 8
2002	156277	73. 1	15. 3	2. 8	8. 8
2003	178299	75. 7	13. 6	2. 6	8. 1
2004	206108	76. 7	12. 2	2. 7	8. 4
2005	229037	77. 4	11. 3	2. 9	8. 4
2006	244763	77. 5	10. 8	3. 2	8. 5
2007	264173	77. 8	10. 1	3. 5	8. 6
2008	277419	76. 8	9. 8	3. 9	9. 5
2009	286092	76. 8	9. 4	4. 0	9. 8
2010	312125	76. 2	9. 3	4. 1	10. 4
2011	340178	77. 8	8. 5	4. 1	9. 6
2012	351041	76. 2	8. 5	4. 1	11. 2
2013	358784	75. 4	8. 4	4. 4	11. 8
2014	362212	73. 5	8. 3	4. 7	13. 5
2015	362193	72. 2	8. 5	4. 8	14. 5

续表

年份	一次能源生产总量（万吨标准煤）	占一次能源生产总量的比重（%）			
		原煤	原油	天然气	一次电力及其他能源
2016	345954	69.8	8.3	5.2	16.7
2017	358867	69.6	7.6	5.4	17.4
2018	378859	69.2	7.2	5.4	18.2
2019	397000	68.6	6.9	5.7	18.8

资料来源：国家统计局。

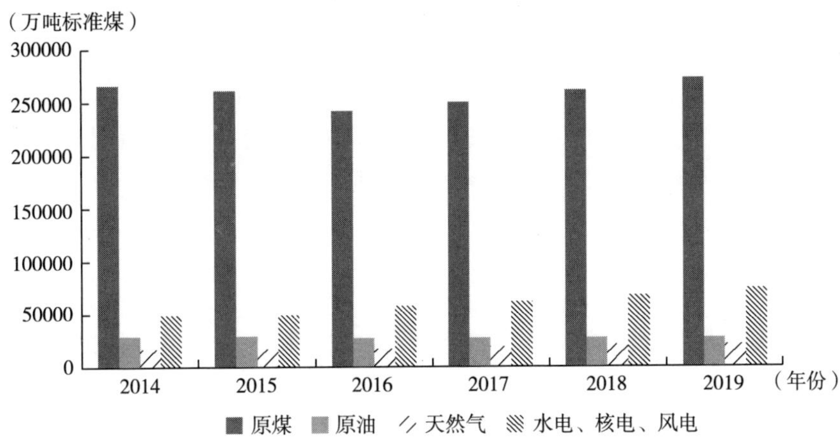

图 2-1　2014~2019 年中国各类能源生产总量统计

资料来源：国家统计局。

（二）资源型产业规模变化与经济增速变化的关系

简单的经验观察能够引起思考探索获得深刻的启发。能源工业在我国工业中占比较大，也是中国工业经济快速发展的核心推动力。图 2-2 指明了进入 21 世纪以来中国能源生产总量与中国经济增速所呈现的重要关系。如图 2-2 所示，21 世纪以来我国能源开发与经济增长的关系大体上可以划分为两

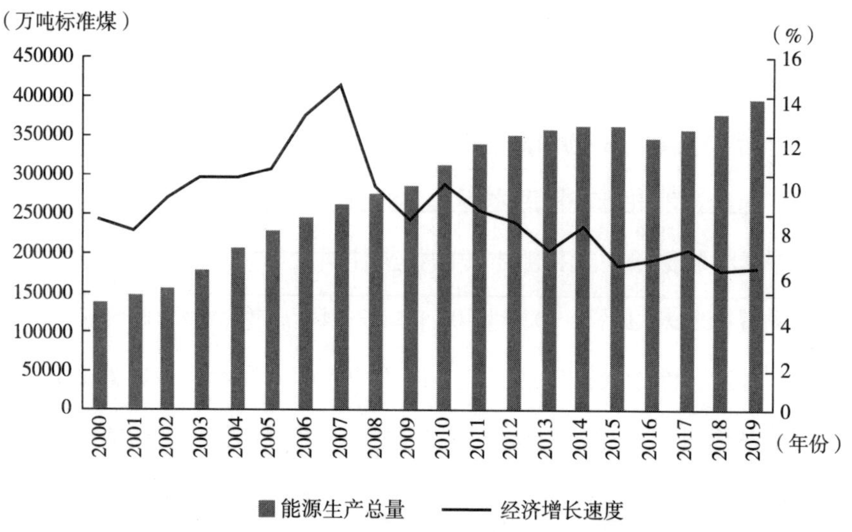

图 2-2　2000~2019 年我国能源产量与 GDP 增速关系变化情况

资料来源：国家统计局。

个阶段：第一阶段是 2000~2007 年，这一阶段能源产量与经济变化总体上呈正相关关系，2000~2007 年我国能源生产总量由 138569.7 万吨上升到 264172.55 万吨，增速较快，同时经济增速由 2000 年的 8.6%增加到 2007 年的 14.7%，说明进入 21 世纪以来，在中国经济进入快速增长期的大背景下，我国进入能源重化工业大发展时期，多数地区依托资源禀赋优势通过要素驱动式的快速发展获得经济增长福利。第二阶段是 2008~2019 年，能源产量由 2008 年的 277419.41 万吨标准煤增加到 2019 年的 397000 万吨标准煤，一方面是由于全球金融危机后，国际经济格局深刻调整，随着新一轮科技革命的到来，发展方式由原来要素驱动的粗放型增长开始向创新驱动的集约式增长转变，因此发展对于能源资源的依赖和需求不再像第一阶段那样旺盛；另一方面是由于全世界较以往更加关注能源资源的节约和环境保护问题，中国也开始逐步出台各类环境保护政策措施限制能源资源的开采，因此能源产量增

速放缓。与此同时，中国经济增速开始有所下滑，逐步由高速发展阶段进入到中高速发展的新常态阶段，由 2007 年的 14.7%逐年下降到 2019 年的 6.4%。此时能源资源对于经济发展的贡献远不如前，尽管产量增加也无法阻止经济下行。分区域观察可以看到，长三角、珠三角、京津冀地区资源型产业规模占比相对较小，但经济发展速度和质量都相对超前，东北地区的黑龙江、吉林、辽宁及中西部地区的山西、内蒙古等资源丰富，并且长期以来处于初级资源型产业发展阶段，在能源产量、资源型产业占比上都相对较高；在经济增长速度上分化较大，第一阶段创造了如“鄂尔多斯模式”“山西模式”等经济飞速发展模式，第二阶段经济下行趋势非常明显，部分资源密集地区甚至出现了“资源诅咒”现象，资源型产业规模在经济发展中的地位也有所下降，但是技术密集型产业和服务业占比在产业结构中大幅上升。

（三）资源型产业规模变化与创新研发投入变化的关系

通常研发投入（R&D）经费占地区生产总值比重能够衡量一个国家或地区对创新的重视程度，一般情况下也是评估该地区创新能力的一个重要指标，图 2-3 反映了 2000~2019 年我国能源产量增速与 R&D 投入强度关系的变化情况。从总体上来看，21 世纪以来我国能源生产总量和 R&D 投入强度都在不断增加，但能源产量增速逐渐下滑甚至在 2016 年成为负数，但其并未影响研发投入强度的稳步上升，因此从此图中无法判断两者是否具有作用关系，需要使用其他指标分地区进行更为深入的分析。从客观事实上来讲，资源型产业规模和总量的增加会为社会经济发展奠定雄厚的物质基础，但资源型产业占比的减少确实为创新型产业让出更多空间。或者说，是由于创新能力的大幅增加改善了中国的产业结构，不再过多依赖粗放的资源型产业，因此两者确实存在此消彼长的逻辑关系。分区域来看，资源型产业占比较低的地区如长三角、珠三角、京津冀创新投入力度较大，创新能力在全国名列前茅，而在资源较为富集的东北、西部地区，创新投入强度常年低于全国平均水平，创新能力普遍较为落后。

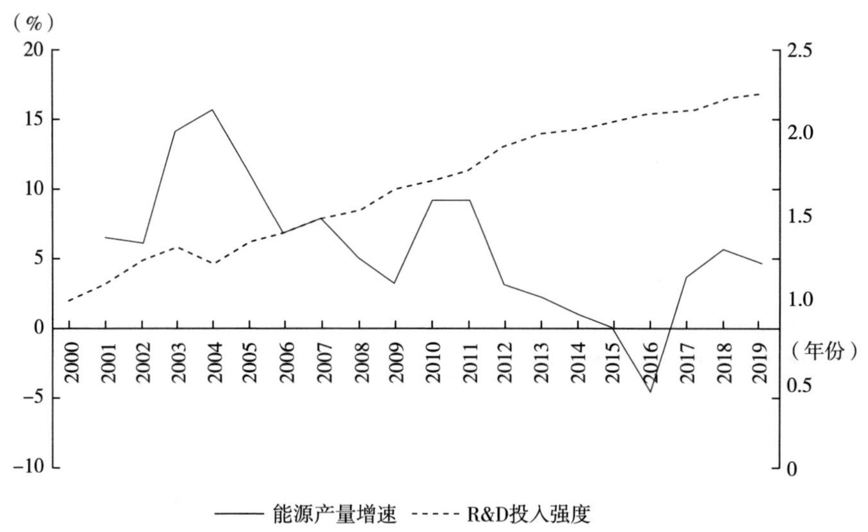

图 2-3　2000~2019 年我国能源产量增速与 R&D 投入强度关系变化情况

（四）经济增长变化与创新研发投入变化的关系

一般来讲，经济总量大的地区必然会有更大规模的研发投入。如图 2-4 和图 2-5 所示，2019 年全国各省份经济总量与研发投入规模走势基本吻合。北京除在经济增速排名靠中的情况外，由于高校、科研院所优势及创新政策的快速落实，研发投入强度高居榜首。基本可以得出结论：经济越发达的地区，研发投入力度越大，区域创新能力越强。根据数据可得，东北三省（黑龙江、吉林、辽宁）GDP 总和为 50249 亿元，是广东省的 46.7%，而东北三

省 R&D 经费总和仅为 803.5 亿元，不及广东省的 30%。这一数据表明广东的经济总量大于东北三省的总和，其未来的发展趋势和空间也远远强于东北三省。北京、上海、深圳三个城市的研发经费总和为 4390 亿元，这三个城市的研发经费已经占了全国总量的 1/5，但值得注意的是，北京、上海、深圳的 GDP 总量加起来也不过是全国总量的 1/10，由此可见，创新经济的地理分布比 GDP 更加不均衡，中国的创新经济高度集中在一线城市。

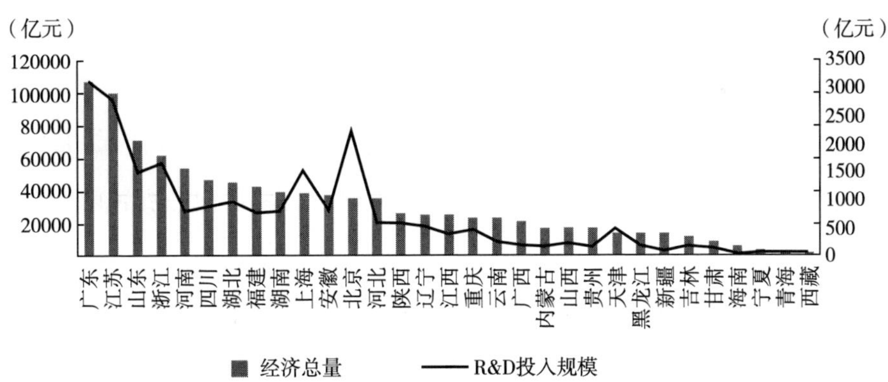

图 2-4　2019 年全国各省份经济总量与研发投入规模情况

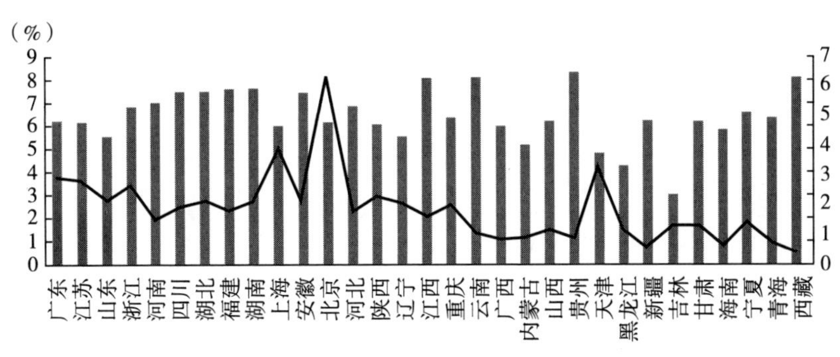

图 2-5　2019 年全国各省份经济增速与研发投入强度情况

（五）资源开发与产业结构变迁的关系

所谓产业结构的变迁，从经济发展实践和经济学理论研究角度可理解为国家或地区经济结构变迁的核心内容。我国在各个时期所秉承的资源开发和利用理念不同，其强度和依赖性也有所不同，并影响着我国不同时期的工业结构变迁。从图 2-6 中可以看出，自 2000 年以来我国工业内部结构发生重大变化。第一阶段是 2000~2011 年，采矿业占国民生产总值比重持续较高且有所上升，最高时在 2010 年达到 32.15%的峰值，此阶段工业经济快速增长的主要原因是靠低端的采矿业和能源类工业作支撑。第二阶段是 2012~2019 年，制造业比重和采矿业比重快速下降，制造业占比由 2010 年的 32.15%快速下降至 2019 年的 27.17%。原因有两点：一方面，互联网经济的兴起使我国服务业快速崛起；另一方面，由于制造业是一个国家或地区工业经济体系的支柱，随着 2008 年金融危机的爆发，全球开始再度重视工业发展，多数发

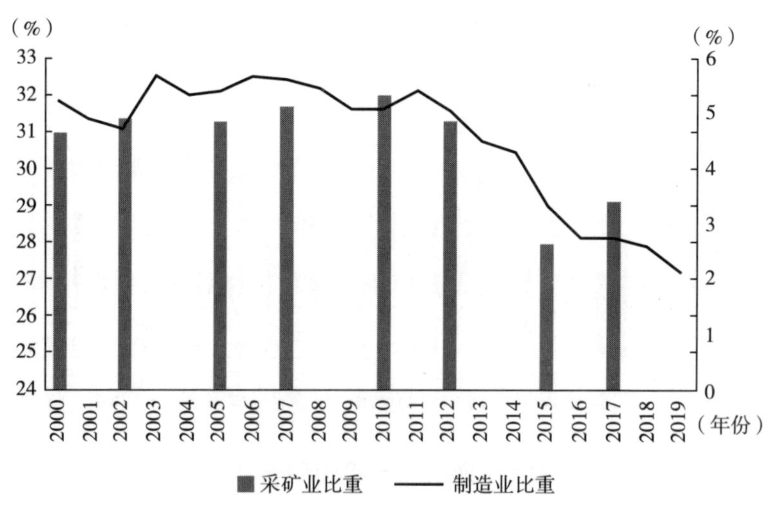

图 2-6　2000~2019 年我国工业内部结构变化情况

达国家开始实施再工业化战略，一国经济发展水平已不能用第三产业占比简单衡量。然而中国工业经济虽然腾飞发展，但能源产业和采矿产业占比较高不利于制造业结构优化，更不利于经济结构升级。因此，当面临国内外经济形势发生重大变化时，我国制造业开始凸显大而不强、产业链全而不壮的问题，因此进入经济新常态后，我国资源依赖给产业结构变迁带来了巨大挑战，在经济增长速度下行压力持续增大的同时，工业经济效益下滑问题十分突出。

（六）资源开发与生态环境的关系

近年来，按照绿色发展理念要求，我国生态建设和环境保护工作虽然取得很大进展，能源资源、环境保护与利用之间的矛盾依然十分突出，发展和保护关系还没有从根本上得到有效解决。我国资源开发普遍存在“点多、面广、规模大”等突出问题，部分地区将经济发展凌驾于资源保护之上，出现了过度开发、疏于管理等现象，而这其中在很大程度上是没有形成环保意识，导致当地生态资源受损严重（宋德勇、杨秋月，2019）。这主要体现在五个方面：一是对地区的地形地貌产生不可逆转的影响。在资源开发过程中，势必会开发并影响矿山等自然环境，无疑对地貌产生了巨大改变，同时采掘过程中由于地貌的改变，还会产生不少安全事故，过度开挖极有可能引起部分地表出现塌陷的状况，发生自然灾害。随意堆砌还会改变所处位置的地貌稳定性，当地表缺乏稳定的结构作为支撑时，极有可能导致山体滑坡和泥石流等灾害出现。二是影响地下水资源。在开采资源过程中，稍有不慎将会对当地地下水资源造成不可估量的影响，由于地质结构的变化，直接改变了地下水的流向，导致整个地区的地表水出现大面积短缺的现象，甚至有可能导致当地民众的生产生活用水困难。另外，过度开发还有可能使地下水位出现干涸的情况，如果这种现象得不到解决，长期下去将会导致该地区整体水位下降，而水位下降也极易导致水流方向的改变，以至于工业用水回流，造成大面积的水资源污染，如矿业废水的种类多样，而这类废水中含有许多铅、砷以及对人体有害的硫化物等元素，而一旦有害物质直接扩散，将会引起大规模的水域污染，此时已经不仅是水资源而是当地整个生态系统都遭到严重破坏。三是污染大气。资源开采过程中有时会涉及爆破，必然会出现有害粉尘扩散的现象，爆破后区域内的空气将会出现严重污染。特别是涉及部分初级产品的生产加工，以水泥生产为例，各类有害的粉尘和煤灰等飘浮到大气中，短期内会造成不同程度的空气质量变差，长期来看会造成当地空气中随处布满粉尘和有害物质，后果严重。四是水土流失。在资源开采的过程中，极有可能引起当地整体地质结构的变化，从而导致大量地表植被的破坏，土壤失去了地表植被的附着，容易出现大面积的水土流失现象。五是引发地质灾害。开发能源资源伴随着上述负面影响，对大气、地质、生物等破坏累积到一定程度，极易引发泥石流、山体滑坡、地面塌陷等地质灾害，永久性破坏自然环境的同时带来不可估量的经济和社会损失。

此外，在2020年联合国大会上我国宣布到2060年前实现碳中和，这意味着中国必须在40年间使净排放从100亿吨变为0，排放量减少90%，剩余的10%将通过吸收温室气体的创新系统来实现，因此必须要控制传统能源资源的开采和利用，更多地通过可再生能源的使用、技术创新、自然和人工吸收碳汇等方式来实现（庄贵阳、窦晓铭，2021）。

（七）经济增长与民生社会事业发展的关系

民生社会事业领域发展能够为提升区域创新能力、促进经济发展提供直接的教育保障和间接的环境保障。经济与民生两者关系密切，从某种程度上来看，经济基础决定了民生社会的发展，社会发展是为了国计民生，我国坚

持以人民为中心的发展理念，持续推动经济社会高质量发展的根本目标在于提高人民福祉。

自 21 世纪以来，资源开发虽然为我国带来经济总量的快速提升和人均地区生产总值的快速提高，但是经济增长与民生社会事业发展之间的不协调问题却越来越突出。如图 2-7 所示：我国人均 GDP 由 2000 年的 7942 元快速提高到 2019 年的 70892 元，19 年间增长了 7.93 倍，城乡居民人均可支配收入由 2000 年的 3721.3 元增加到 2019 年的 30733 元，增长了 7.26 倍，增长趋势和增长幅度大致吻合。从图 2-8 中可以清晰地看出：从长期来看，我国的经济增长水平和收入分配差距都是呈现上升趋势的，虽然在部分年份存在波动呈现非相关性，但总体上我国的经济增长与收入分配差距已经开始呈现负相关的关系，经济增长的发展会抑制社会的不平等性。同时，本书根据《中国统计年鉴》提供的相关数据，进一步分析了自 21 世纪以来我国在教育支出、医疗卫生支出、社会保障和就业支出等发展情况。

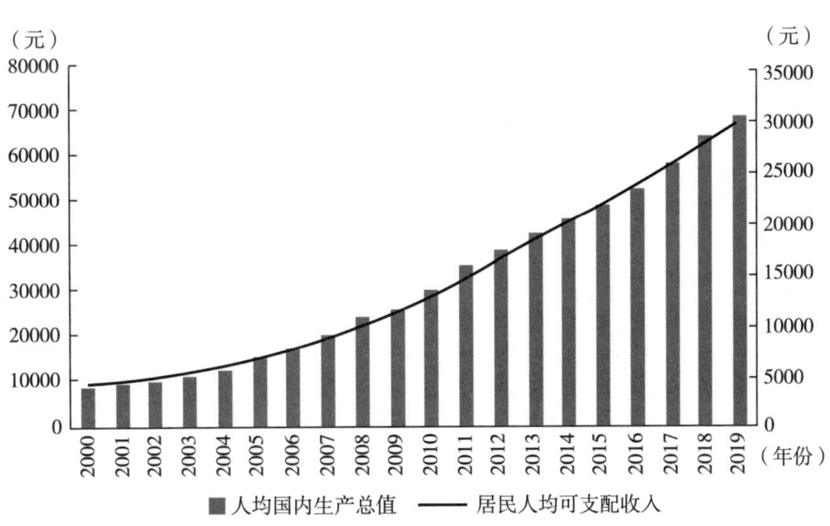

图 2-7　2000~2019 年我国人均国内生产总值与居民人均可支配收入变化

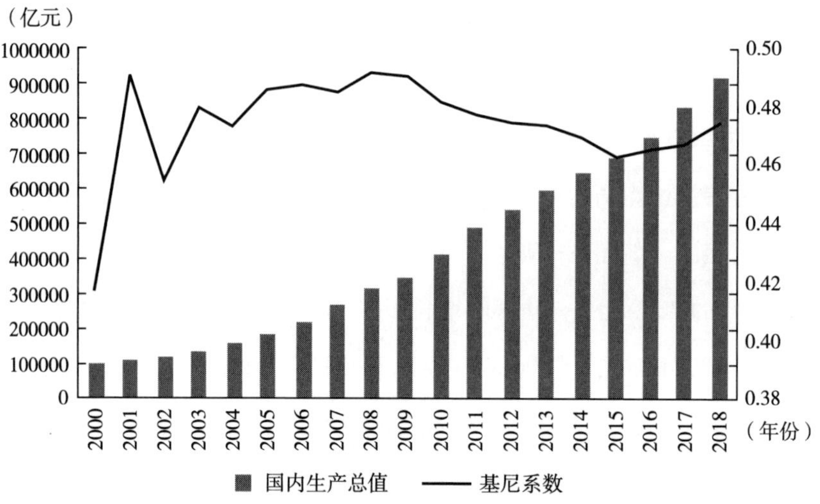

图 2-8 2000~2018 年我国国内生产总值与基尼系数变化

（1）教育支出情况。一个国家或地区人力资本投资状况在很大程度上由其教育支出状况所决定，与国家创新能力有着直接正相关关系（冯江茹，2020）。从实际情况来看，我国教育经费占国内生产总值比重总体处于上升趋势（见图 2-9），但与不少西方国家如美国长期高于 7%的水平相比存在差距，和西方发达国家相比，我国的教育支出占比还有很大的追赶空间，这也是当前我国财政支出结构中一直以来不可忽视的问题。特别是自 2012 年以来，教育经费比重没有上升反而有所下降，这种状况与我国多年来经济快速增长的形势不相符，和我国一直以来作为全球第二大经济体的角色定位不匹配。

（2）医疗卫生支出情况。居民健康水平能够由国家或地区的医疗卫生支出状况指标反映，同时这项数据还体现出居民全面发展水平（刘汝浩，2021）。我国医疗卫生支出的绝对值在随着经济增长而增长，同时占国内生产总值比重的相对值也在逐年递增，特别是 2010 年“新医改”启动后递增速度较快。但是横向进行国际比较后发现，我国医疗卫生支出占比长期低于全球平均值。不少发达国家医疗卫生支出占 GDP 比重较高，2000 年全球医

疗卫生支出占比平均值达到了 8.0%，而中国作为欠发达国家被归类为中低收入国家，当时家庭医疗支出占比不到 5.0%。到 2010 年，全球医疗卫生支出占比达到 9.2%，此时中国已成为中高收入国家，占比理应达到 6.0%，但实际仅为 4.9%。从数据来看，中国在医疗卫生上的投入资源依旧低于同等发展水平的国家（见图 2-10）。一方面反映随着经济的快速发展我国全社会

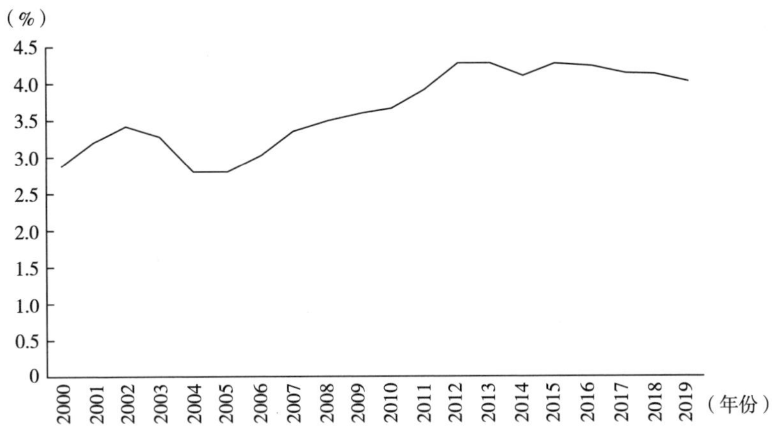

图 2-9　2000~2019 年我国教育经费占国内生产总值比重变化情况

资料来源：根据历年《中国统计年鉴》相关数据整理。

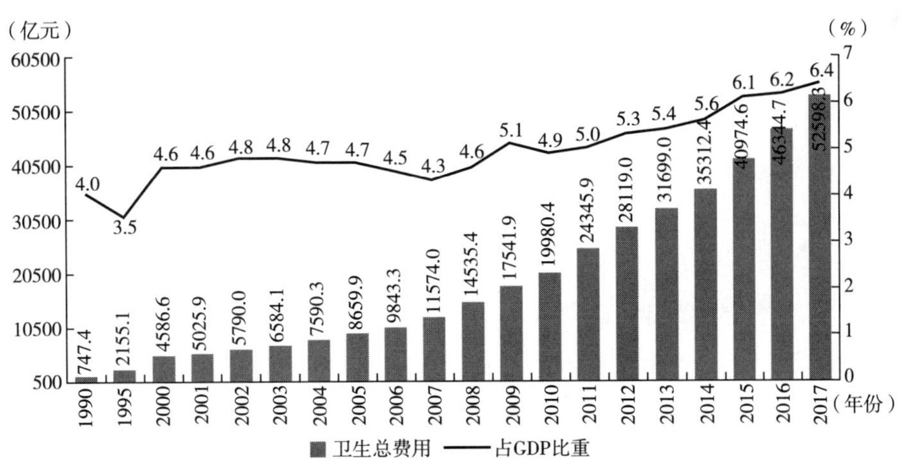

图 2-10　1990~2017 年我国医疗卫生总费用支出及其占 GDP 比重变化情况

资料来源：国家卫生健康委员会《中国卫生健康统计年鉴 2018》。

表 2-3 世界各国及地区卫生总费用（THE）占国内生产总值比重 单位:%

	2000 年	2010 年	2015 年
全球平均	8.0	9.2	6.3
高收入国家平均	10.0	12.4	—
中高收入国家平均	6.2	6.0	—
中低收入国家平均	4.6	4.3	—
低收入国家平均	4.2	5.3	—
非洲地区	5.8	6.2	6.2
美洲地区	11.3	14.3	6.9
南亚—东亚地区	3.5	3.6	4.6
欧洲地区	8.0	9.3	7.9
东地中海地区	4.5	4.5	5.3
西太平洋地区	5.7	6.4	7.0
巴西	7.2	8.4	8.9
南非	8.5	8.6	8.2
中国	4.6	4.9	6.1
俄罗斯	5.4	5.4	5.8
印度	4.4	4.1	3.9

资料来源：世界卫生组织发布的历年《世界卫生统计报告》，“—”表示数据不可获得。

健康卫生意识还有待提高，另一方面也说明医疗卫生健康产业在中国尚处于不发达的阶段。

（3）社会保障和就业支出情况。社保支出水平能够衡量国家或地区政府平衡国民经济增长和发展两者关系的能力。我国社会保障和就业支出占比变化可以分为三个完全不同的阶段：第一阶段是 1990~2012 年社保收入和社保支出均保持高速增长，大多数时间增速都高于经济增速，在此期间中国社保水平从 1.10%上升至 7.38%。在 1998~1999 年亚洲金融危机和 2008~2009 年全球金融危机时，中国大幅增加社保支出。第二阶段是2012~2017年中国社保支出大部分时间属于顺周期增长，并且增速高于经济增速（见图2-11）。在此期间未遭遇严重的社保支出困境，并且还储备了大量社会保险基金结余。与其他国家相比，中国社保水平较低，人口老龄化程度较低，社保支出相对较少；庞大的劳动年龄人口提供了巨额社保收入，使该阶段社保收入大于支出。另外，中国产业结构相对完整，经济更具稳定性；中国经济长期保持高速增长，相对宽裕的财政收入为社保支出提供了较为充足的资金支持。第三阶段是2017年以后，中国社保支出面临的形势发生了很大变化。人口老龄化程度持续加深，人口年龄金字塔底部和中部不断收缩，顶部明显膨胀，少儿人口和劳动年龄人口所占比重逐渐缩小，而老年人口所占比重则不断扩大。横向比较可以看出，我国社会福利支出占比相对落后，2019年我国社保支出远低于欧洲国家水平，其占比仅为11.5%。与此同时，中国经济增长进入新常

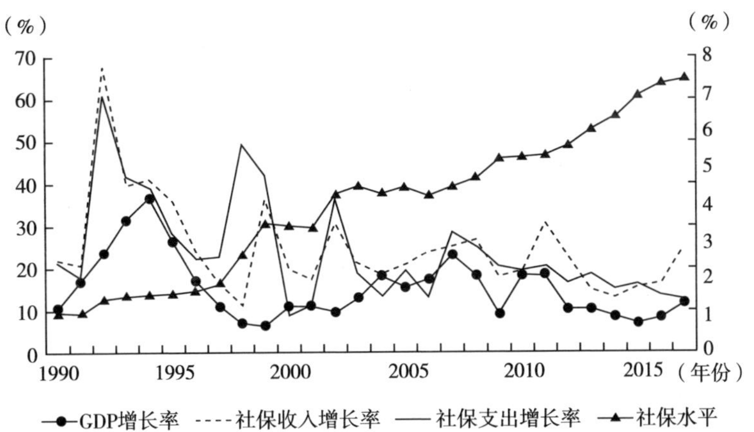

图2-11　1990~2017年中国社会保障支出占GDP比重变化情况

资料来源：世界卫生组织发布的历年《世界卫生统计报告》。

态，伴随着中美贸易摩擦、新冠肺炎疫情等，全球经济贸易发展出现了极大的不稳定性，为中国发展带来了不确定的挑战和机遇。在经济下行压力较大的情况下，若国家仍然大力推行社保建设，不仅社保建设困难重重，经济增长也缺乏持久动力，极易出现社保困境的局面。由此看来，中国在这种形势下不应再盲目追求社保支出增速高于经济增速的发展模式（张其仔，2020）。

三、理论构架

（一）理论机制

通过统计分析，从现象和经验上可以得出资源型产业与经济增速的关系、资源型产业与创新能力的关系、经济增速与创新能力的关系、资源开发与产业结构变迁和生态环境的关系以及经济增长与民生社会事业发展的关系。在国际范围和国内范围地域上都存在着一定程度的不一致甚至相互“背离”的现实：近年来，特别是21世纪初，我国资源密集地区过度依赖资源型产业如采矿业，这影响了我国经济增长的规模、质量和可持续性，进而对地区研发投入与创新能力产生了直接影响。资源型产业特别是采矿业规模和比重的不断扩大会严重阻碍制造业内部及整体产业结构的优化升级，工业经济供给侧结构失衡问题十分突出，导致我国制造业出现大而不强的窘境；即便近期我国环境保护和生态建设正在呈现局部好转的迹象，但是从全国范围来看，大规模的资源开发与我国资源环境承载力之间的矛盾愈发凸显，生态环境依然

脆弱。中国长期延续的传统粗放型增长路径依赖会引发初级产业对要素资源的“虹吸效应”，导致我国社会民生事业基础薄弱、投入不足、与经济体量不匹配的问题，而在我国范围内究竟哪些因素与资源对区域创新的挤出效应相关，需要对现象进行逻辑关系的梳理。

资源对区域创新能力可能产生两种影响：一是作为经济社会发展的要素和基础，丰裕的自然资源无疑会为区域经济发展带来较为可观的必要的物质基础，并最大限度吸引大量的资金和产业的进驻，从而将其他地区的生产要素融合并最终形成“洼地效应”，对地区的基础建设、社会形态以及经济发展都有较大的促进作用，并最终提升整个地区的区域创新能力，存在资源福音。二是自然资源会对区域创新造成不利影响，即“资源诅咒”，其传导途径包括：①“挤出”投资，本应该投于创新研发领域的物质资本和人力资本受到削减。由于丰裕的自然资源容易获取且成本较低，能够带来持续可观的收入和利润，因此大部分生产要素在高收益驱使下都会逐渐向资源型行业聚集，削减了除初级产业以外其他行业的资本累积，抑制社会和企业的技术研发和创新。同时投向人力资源培养、教育的资金也会受到挤压。②“荷兰病”效应，制造业通过相对价格效应、资源转移效应和支出效应出现利润降低、发展空间受到挤压从而造成部门逐渐衰落的现象，进而抑制了实体经济创新的基础和发展空间。③制度弱化，市场化程度低、开放水平低的区域往往倾向于追逐资源租金，削弱技术研发和区域创新的动力。资源富足使初级产业投入低回报高，劳动力和企业家需要将精力投向与能够分配资源的权力部门去寻租合作，无法专注于技术研发、产品升级或对外合作以提升供给端水平来满足市场消费需求的认可，必然会抑制企业和整个区域的技术创新动力和精力。④消费主义盛行可能会动摇创新研发的文化基础。自然界的“慷慨馈赠”导致人们较为容易地获得财富，逐步演变为不加珍惜即时消费甚至攀比炫耀的消费主义心理，社会中投身于创新研发的文化氛围逐步动摇并弱化。

区域创新能力对资源依赖的影响相对单一，若区域创新能力较强，说明该地区能够用于创新的人力资本、物质资本和资金都较为充足且高效，容易构建更为多元化的产业体系，技术密集型产业在产业结构中必然有一定占比，区域经济社会发展不会仅仅依赖资源型产业，资源依赖程度较低。反之，区域创新能力较弱，本地区经济发展出路别无选择，产业结构更为单一，只能聚焦于靠山吃山的资源开发等初级产业。因此，区域创新能力提升会降低资源依赖程度。

（二）理论模型

综上所述，根据已有文献提出本书理论模型，即资源对区域创新能力存在挤出效应，且有反向作用。挤出效应的传导中介包括教育即人力资本水平、投资即物质资本投入、对外开放水平、制造业发展水平和市场化程度，具体如图 2-12 所示。

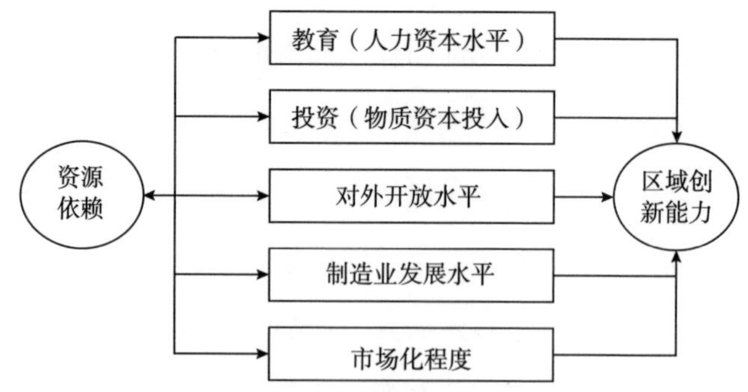

图 2-12　资源依赖对区域创新能力挤出效应的传导机制理论模型

本章小结

本章运用统计分析方法，得出结论：我国资源密集地区对资源型产业特别是初级采矿业的过度依赖，对经济增长产生了巨大的下行压力，进而对地区研发投入与创新能力产生了直接影响。资源型产业特别是采矿业规模和比重的不断扩大严重阻碍了制造业内部及整体产业结构的优化升级，导致我国制造业出现大而不强的窘境；大规模的资源开发也对我国资源环境的综合承载能力产生重大影响；中国长期传统的粗放型增长可能会出现资源型产业对要素资源的“虹吸效应”，造成多年来民生社会事业领域投入不足、基础薄弱、与经济体量不匹配的问题。通过以上现象得出，在我国范围内存在资源依赖对包括区域创新等多领域的挤出现象，两者之间关系与其中传导机制经过梳理文献后得出，资源对区域创新的影响有资源福音也有资源诅咒，传导途径包括挤出物质资本和人力资本、挤出制造业、制度弱化和创新环境弱化。

第三章　资源依赖对区域创新挤出效应的存在性检验

一、研究假设

通过以上分析，提出本书假设：

H1：资源依赖程度高会导致区域创新能力下降，存在负面挤出效应。

H2：区域创新能力低下会使资源依赖程度升高，存在双向作用关系。

二、基于 GMM 分析验证

（一）数据与样本

1. 区域创新能力

区域创新能力指数是由科技部下属中国科技发展战略小组研发的区域创

新能力评价指标体系，该指标由知识创造、知识获取、企业创新、创新环境和创新绩效 5 个一级指标，20 个二级指标，145 个三级指标构成，如表 3-1 所示。

表 3-1　中国区域创新能力指标体系

一级指标	二级指标
知识创造	研究开发投入综合指标
	专利综合指标
	科研论文综合指标
知识获取	科技合作综合指标
	技术转移综合指标
	外资企业投资综合指标
企业创新	企业研究开发投入综合指标
	设计能力综合指标
	技术提升能力综合指标
	新产品销售收入综合指标
创新环境	创新基础设施综合指标
	市场环境综合指标
	劳动力素质综合指标
	金融环境综合指标
	创业水平综合指标
创新绩效	宏观经济综合指标
	产业结构综合指标
	产业国际竞争力综合指标
	就业综合指标
	可持续发展与环保综合指标

本书使用 2001~2018 年连续 18 年的 30 个省份作为样本收集数据，如表 3-2 和图 3-1 所示。

表 3-2　2001~2018 年各地区区域创新能力指数

地区	2001 年	2002 年	2003 年	2004 年	2005 年	2006 年	2007 年	2008 年	2009 年	2010 年	2011 年	2012 年	2013 年	2014 年	2015 年	2016 年	2017 年	2018	平均值
广东	49.68	44.53	46.83	49.32	50.22	50.58	51.62	52.65	53.65	51.89	54.88	49.38	53.00	52.44	52.71	53.62	55.24	59.55	51.31
江苏	43.20	43.31	42.61	48.52	48.41	47.50	48.16	48.81	55.63	52.27	55.49	53.84	57.58	58.86	58.01	57.20	53.30	51.73	51.34
北京	58.27	59.79	56.53	54.82	56.11	56.66	54.43	52.20	53.19	47.92	50.31	46.11	50.73	50.11	50.45	52.61	52.56	54.30	53.11
上海	58.33	54.72	56.35	57.16	56.97	57.09	55.04	52.99	52.44	46.23	49.98	42.28	47.18	46.59	45.62	46.04	44.81	46.00	51.17
浙江	34.74	36.85	37.40	41.19	45.29	39.92	40.51	41.09	44.61	41.23	42.83	38.48	42.40	41.46	42.05	37.94	37.66	38.88	40.33
山东	37.82	37.15	36.82	39.93	37.96	37.69	37.83	37.96	40.41	37.34	39.04	36.71	37.73	37.93	37.49	36.29	33.77	33.64	37.64
天津	34.20	36.16	38.60	39.61	37.43	41.04	39.14	37.24	37.44	35.89	38.29	34.09	36.13	36.61	36.49	34.15	33.71	32.14	36.84
重庆	23.70	23.64	25.47	29.73	28.63	29.89	28.67	27.44	29.53	29.85	30.77	28.08	33.88	32.90	32.29	32.04	30.05	30.30	29.21
湖北	25.53	25.62	27.06	27.74	26.92	27.56	28.58	29.60	32.76	30.61	29.35	28.35	28.71	28.82	28.59	29.07	29.35	29.45	28.48
安徽	23.64	21.65	21.70	25.10	26.97	25.02	26.77	28.51	31.92	28.56	27.81	30.08	29.75	30.47	29.86	30.02	28.36	28.72	27.42
四川	26.73	23.57	25.57	27.93	23.37	24.76	26.93	29.10	33.61	29.95	31.07	28.35	27.16	26.98	26.39	29.08	27.52	27.04	27.53
湖南	23.99	24.17	24.59	25.53	25.16	27.01	27.34	27.67	28.94	29.79	29.81	28.45	28.25	28.59	29.01	27.77	26.63	26.59	27.22
陕西	26.83	28.75	26.43	27.38	27.27	28.26	28.24	28.21	29.12	27.79	29.80	27.84	27.68	26.86	27.14	29.29	26.05	26.49	27.82
福建	33.80	28.94	28.97	29.80	30.74	26.39	27.28	28.16	29.86	24.16	28.62	26.48	29.33	28.80	29.25	27.20	25.77	26.30	28.44
河南	23.09	24.16	21.60	24.10	23.30	24.49	25.65	26.80	28.40	25.96	27.05	25.26	26.21	24.33	25.90	26.44	24.23	24.91	25.12
海南	20.79	13.98	18.17	20.53	20.84	18.19	20.80	23.40	21.31	21.95	21.46	23.30	24.10	26.79	28.03	25.68	22.49	22.79	21.87

续表

地区	2001年	2002年	2003年	2004年	2005年	2006年	2007年	2008年	2009年	2010年	2011年	2012年	2013年	2014年	2015年	2016年	2017年	2018	平均值
辽宁	35.92	34.25	32.66	36.72	32.05	32.38	32.25	32.11	33.02	28.93	31.77	31.28	28.85	27.19	26.88	24.46	22.26	22.44	30.76
贵州	16.89	17.10	16.71	19.89	18.16	19.15	20.14	21.13	23.31	19.00	22.62	20.77	22.60	20.41	21.22	25.64	22.19	22.27	20.41
江西	18.57	17.72	20.72	21.70	21.90	20.68	22.58	24.48	25.82	22.07	24.52	24.32	23.53	21.86	23.34	21.85	22.04	21.61	22.22
广西	19.06	18.84	18.98	21.06	21.34	21.43	21.15	20.87	22.70	22.56	23.41	22.67	23.06	22.30	23.62	22.81	21.19	21.87	21.59
甘肃	19.24	20.02	18.44	19.95	17.24	18.39	18.80	19.21	20.93	19.83	22.41	19.70	22.20	23.58	21.68	22.06	20.82	20.05	20.26
宁夏	17.48	16.67	18.86	18.00	16.95	15.85	16.99	18.12	20.16	20.89	19.72	16.80	20.32	17.64	18.52	20.04	20.68	19.45	18.45
河北	25.51	21.67	22.39	24.58	23.47	22.48	22.51	22.54	25.20	23.26	24.44	26.67	23.02	20.88	21.14	20.89	20.50	21.97	22.01
云南	18.92	16.38	16.67	18.39	16.43	18.95	20.32	21.69	24.32	20.74	21.87	19.37	21.32	21.13	20.30	19.72	20.43	21.48	19.82
新疆	19.38	18.64	21.77	22.75	19.81	18.89	19.03	19.17	22.93	20.38	20.81	20.32	20.39	18.49	18.04	19.86	20.04	19.93	20.04
黑龙江	23.36	24.68	26.13	26.61	25.26	25.07	25.18	25.28	27.67	22.84	24.05	24.61	23.55	21.22	20.65	21.16	19.51	19.19	23.93
吉林	28.95	22.13	25.21	27.79	22.41	23.90	25.26	26.61	24.37	22.20	27.14	20.76	22.64	20.69	18.95	18.53	19.00	20.48	23.33
内蒙古	17.74	18.41	20.62	21.92	22.61	21.23	20.79	20.35	21.87	20.46	23.49	26.18	23.73	19.23	21.44	18.22	18.32	19.11	20.98
青海	15.01	18.04	20.64	18.69	15.36	17.13	17.59	18.05	18.99	16.30	18.41	17.62	17.65	16.19	17.71	15.78	18.13	20.97	17.49
山西	19.75	25.09	22.92	27.77	24.18	24.55	23.78	23.01	24.69	23.83	23.16	20.68	21.68	21.20	20.61	18.17	17.93	19.14	22.53

注：表中2007年数据缺失，取2006年与2008年数据的算术平均得出。

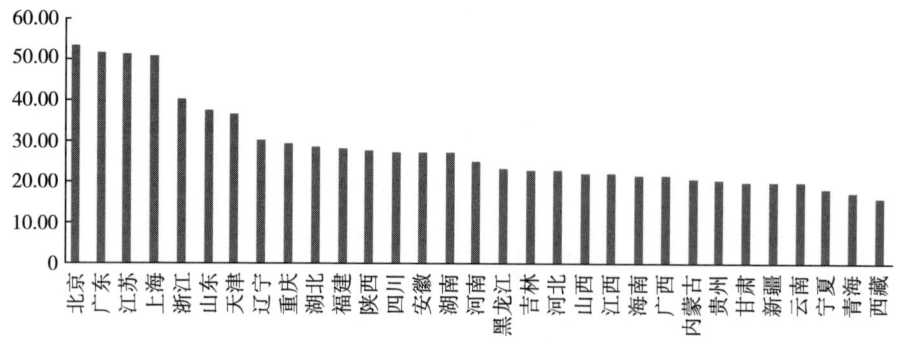

图 3-1　2001~2018 年各地区区域创新能力指数平均值

从表 3-2 和图 3-1 中可知，我国区域创新能力表现出三大特征：

第一，由数据可得，区域创新能力东西不平衡问题凸显，特别是近年来开始呈现出较为明显的南北分化。自 21 世纪以来我国东部地区区域创新能力优势明显，中西部地区有所提升但仍待增强，其中东北地区的区域创新体系建设进展迟缓，长期以来制约东北地区产业转型升级与创新驱动发展的人才要素没有得到根本性的解决，研发人员数量在“十三五”时期的降幅超过 10%，创新思维僵化与创新体系固化成为制约东北地区创新能力提升的关键障碍。从南北创新专利产出来看，根据相关统计，南北发明专利占总专利申请的比重以及研发人员比重的差距进一步扩大，由 2015 年的 0.66∶0.34 持续增至 2018 年的 0.72∶0.28，研发人员数量之比由 2015 年的 0.64∶0.36 持续增至 2018 年的 0.7∶0.3。

第二，区域城市群内不同城市之间的创新质量不平衡问题凸显，城市群内不同城市之间的创新协同效应有待进一步增强（李庭辉、范玲，2009）。在京津冀、长三角与珠三角城市群中，发展动能的分化趋势加剧，主要表现为创新要素向区域特大城市的集聚趋势不断增强。以长三角城市群为例，根据包海波和林纯静（2019）测算的 2007~2017 年长三角各地级市专利申

请量的集中度指数和区位基尼系数，发现在空间上长三角创新能力呈不断扩散的趋势，但专利产出在空间上集聚在少数几个城市，已经开始出现极化效应。

第三，区域创新要素的整合程度低，区域创新平台效应有待增强。目前，尽管形成以城市群为核心的区域协同发展战略，但是受制于各地方政府对于创新的认知程度差异与不同的利益考量，区域内以“项目制”的方式实现创新能力提升与创新体系高质量发展依然面临条块分割的巨大障碍。其主要表现为各个地区依然基于不同标准与不同的政策环境制定产业政策与创新政策，在政策执行过程中呈现出各自为政甚至出现创新要素争夺的现象（李健、盘宇章，2018）。例如，2018 年在各大城市人才争夺战的背景下，《长三角地区数字经济与人才发展研究报告》指出，在长三角地区中，上海人才吸引力最强，人才流入流出比达到 1.41，杭州次之，其他七个城市处于人才外流阶段。

2. 资源依赖度

在对资源依赖度进行定量检验方面，苏迅（2007）构建资源贫困指数定量测算了地区自然资源丰裕度和经济增长偏离程度，其中资源贫困指数为地区矿业产值在全国矿业产值中的比重除以地区生产总值占国内生产总值的比重，该值越大则资源诅咒越严重，大于 1 则认为存在资源诅咒。姚予龙等（2011）认为资源贫困指数在地区资源丰裕度与经济增长偏差上衡量的准确性不足，在此基础上进行调整，提出资源诅咒指数概念，即用将该区域一次能源产量在全国的占比除以第二产业产值在全国的占比得到的数值去衡量。

本书使用资源诅咒指数来衡量资源依赖度。资源诅咒指数是用来衡量经济增速是否匹配于当地自然资源丰裕程度的指标，该地区受资源诅咒的程度越大则该指标越大。部分文献在计算资源诅咒指数时使用资源丰裕度与经济增速之比来判定资源诅咒现象是否存在及其对经济增速影响的大小。为达到指标同口径目的，郭建万和袁丽（2009）在计算时着重考察自然资源富集对工农业产值的影响。苏晓燕和曾波（2006）认为应对经济增速的影响应聚焦于第二产业，因为能源资源大部分消耗于第二产业。罗倩文和许秀川（2008）则认为自然资源特别是能源的消耗与第二产业产值呈正相关，与第一产业产值和第三产业产值呈负相关。因此，姚予龙（2011）认为使用资源富集度与第二产业产值之间的比重衡量资源禀赋对经济增长的影响更为准确、科学。目前国内外考察和研究资源诅咒现象时大多聚焦于能源资源如原煤、原油、天然气等，即资源诅咒指数仅衡量能源资源诅咒。张丽（2020）认为能源资源富集度需要采用其原始储量或在经济社会发展中的消耗量去反映。根据数据可获取性，本节采用区域经济中区位熵的测算方法，借鉴姚予龙等（2011）的方法构建资源诅咒指数并进行测算，从而对我国各省份资源依赖程度进行评估。具体计算方法如式（3-1）所示：

$$RC_i = \frac{NRO_i / \sum_{i=1}^{n} NRO_i}{SIO_i / \sum_{i=1}^{n} SIO_i} \tag{3-1}$$

在式（3-1）中，RC_i 表示资源诅咒指数，NRO_i 指 i 地区该年份的一次能源产量，SIO_i 为 i 地区当年第二产业增加值，n 为 30（表示地区总数）。一次能源包括原煤、原油、天然气，三者产量单位不统一，故采用中国科学院提出的标准能源产量折算公式：一次能源产量（亿吨）= 原煤产量（亿吨）× 0.714t/t+原油产量（亿吨）×1.43t/t+天然气产量（亿立方米）×1.33t/1000（立方米）。式（3-1）中资源诅咒指数是用全国能源产量中该地区能源产量占比除以全国第二产业增加值中该地第二产业增加值占比。资源诅咒指数大于 1，表明该地区能源作出的贡献并没有完成其在全国第二产业增加值中的比重，意味着其资源禀赋优势还没有转为与之相匹配的经济增长优势，即该地存在资源诅咒现象，测算值越大受资源诅咒的程度越深。反之，该指标小于 1，说明该地区经济发展没有受到资源诅咒。

基于 2001~2018 年的数据，本书对中国 30 个省份的资源诅咒指数进行了测算。数据源自历年《中国统计年鉴》和《中国能源统计年鉴》。由于部分数据无法全部获得，因此样本不包括香港、澳门、台湾和西藏。根据式（3-1）得出各地区 2001~2018 年资源诅咒指数值，如表 3-3 所示。

从表 3-3 中可以大致看出，2001~2018 年，资源诅咒指数长期较高的地区有山西、内蒙古、宁夏、新疆、贵州、陕西、黑龙江。认为其深陷资源诅咒，属于资源密集型地区。其他省份如安徽、四川、吉林、云南、河南等在样本考察期内动态存在资源诅咒现象，其中河南和安徽资源诅咒程度随时间推移呈逐渐递减趋势，近年资源诅咒现象消失。部分省份如云南在 2005 年之前资源诅咒不明显，但从 2005 年后开始出现资源诅咒效应，并随时间呈先增后减态势。另外，还有部分省市如广东、江苏、上海、北京、浙江等在观察期间未发现资源诅咒现象，不属于资源密集型地区。

本书计算了 2001~2018 年 30 个省份资源诅咒指数值平均值以便进一步直观对比，如图 3-2 所示。

姚予龙等（2011）将我国各省份根据资源诅咒阈值大小分为四类：资源诅咒高危区即资源诅咒指数平均值大于 4 的地区，资源诅咒严重区即资源诅咒指数均值介于 2~4 的地区，资源诅咒边缘区即资源诅咒指数均值介于 1~2 的地区，无资源诅咒地区即资源诅咒指数均值小于 1 的地区。按照此划分标准，由图 3-2 可知：资源诅咒高危区有山西和内蒙古，均值分别为 8.15 和 5.68，表明山西和内蒙古的资源优势并未充分转化为地区经济增长优势，长期来看资源禀赋对经济增长几乎没有促进作用，甚至在某种程度上富集的自然资源阻碍了经济发展。资源诅咒高危区急需转变利用资源方式、经济发

表 3-3 2001~2018 年各地区资源诅咒指数

地区	2001 年	2002 年	2003 年	2004 年	2005 年	2006 年	2007 年	2008 年	2009 年	2010 年	2011 年	2012 年	2013 年	2014 年	2015 年	2016 年	2017 年	2018 年	平均值
北京	0.1969	0.2194	0.1628	0.1513	0.1469	0.1169	0.1000	0.1033	0.0958	0.0741	0.0735	0.0697	0.0859	0.0993	0.1142	0.1064	0.0810	0.0741	0.1217
天津	0.7068	0.7414	0.6323	0.5628	0.5817	0.6087	0.5931	0.5187	0.5567	0.7264	0.6368	0.5641	0.5487	0.5181	0.6259	0.6669	0.6929	0.7264	0.6165
河北	0.8369	0.7555	0.6855	0.6086	0.6184	0.5836	0.5897	0.4953	0.5265	0.5454	0.5128	0.5403	0.3953	0.3589	0.3911	0.3692	0.3633	0.5454	0.5572
山西	9.2843	6.5661	6.1099	6.0490	7.7826	7.7297	7.6266	6.9936	6.7844	7.1049	7.2486	7.7824	8.5100	9.0720	11.958	12.161	10.338	10.105	8.1495
内蒙古	4.1615	3.6605	3.7565	4.2940	4.7752	4.5913	4.6354	4.8884	5.3608	6.2000	6.7201	6.7901	6.6015	6.6861	6.4593	7.2190	11.265	9.2000	5.6787
辽宁	0.9935	0.9522	0.9202	0.9194	0.7816	0.8075	0.6698	0.5663	0.5050	0.4818	0.4201	0.3787	0.3391	0.3059	0.3419	0.5348	0.5030	0.5018	0.6386
吉林	0.9861	0.8722	0.8258	0.8032	0.8167	0.8420	0.8019	0.7979	0.7596	0.7685	0.7029	0.7532	0.4188	0.4065	0.3920	0.3411	0.3214	0.4685	0.7010
黑龙江	2.9795	2.7027	2.4363	2.1226	2.1147	2.1151	2.1417	1.9326	1.9402	1.8263	1.7035	1.6883	1.7281	1.7391	1.9856	2.3075	2.7037	2.8263	2.1804
上海	0.0240	0.0204	0.0159	0.0137	0.0123	0.0109	0.0102	0.0081	0.0071	0.0054	0.0050	0.0047	0.0044	0.0038	0.0039	0.0044	0.0039	0.0054	0.0101
江苏	0.1845	0.1594	0.1400	0.1126	0.0987	0.1010	0.0839	0.0740	0.0683	0.0571	0.0544	0.0530	0.0506	0.0480	0.0455	0.0363	0.0339	0.0371	0.0895
浙江	0.0091	0.0075	0.0059	0.0050	0.0000	0.0000	0.0000	0.0000	0.0000	0.0005	0.0005	0.0005	0.0003	0.0000	0.0000	0.0000	0.0041	0.0005	0.0024
安徽	1.4080	1.3904	1.3206	1.3344	1.2518	1.1202	1.1537	1.2818	1.1903	1.0406	0.9343	0.9178	0.8108	0.7065	0.7798	0.7589	0.7295	0.7406	1.0892
福建	0.1959	0.0898	0.1034	0.1237	0.1875	0.1882	0.1962	0.1871	0.1899	0.1684	0.1593	0.1155	0.0900	0.0782	0.0780	0.0716	0.0585	0.0784	0.1313
江西	0.6130	0.4531	0.2513	0.2387	0.4485	0.4234	0.4216	0.3945	0.3491	0.2853	0.2793	0.2437	0.2349	0.2082	0.1747	0.1290	0.0779	0.1053	0.3377
山东	1.1495	1.0927	0.9421	0.7398	0.6177	0.5755	0.5779	0.5061	0.4883	0.5041	0.4969	0.5201	0.4553	0.4296	0.4215	0.4071	0.4277	0.5041	0.6348
河南	1.3639	1.2547	1.2228	1.1805	1.2111	1.1336	1.0383	0.9751	1.0151	0.8920	0.7871	0.5823	0.6192	0.5296	0.5156	0.4783	0.4663	0.4820	0.9205

续表

地区	2001年	2002年	2003年	2004年	2005年	2006年	2007年	2008年	2009年	2010年	2011年	2012年	2013年	2014年	2015年	2016年	2017年	2018年	平均值
湖北	0.2385	0.1023	0.0886	0.0772	0.1365	0.1393	0.1305	0.1265	0.0977	0.0971	0.0648	0.0552	0.0676	0.0611	0.0504	0.0366	0.0232	0.0771	0.0958
湖南	0.8413	0.3601	0.4085	0.4268	0.7216	0.6774	0.6518	0.5530	0.5294	0.5401	0.4956	0.4931	0.3796	0.2743	0.1790	0.1524	0.1090	0.3401	0.4543
广东	0.2096	0.1647	0.1298	0.1326	0.1217	0.0976	0.0915	0.0946	0.0888	0.0881	0.0805	0.0824	0.0835	0.0789	0.0967	0.0954	0.0949	0.0881	0.1151
广西	0.2527	0.1825	0.1250	0.1261	0.1548	0.1377	0.1217	0.0753	0.0682	0.0849	0.0766	0.0696	0.0707	0.0601	0.0416	0.0468	0.0571	0.0849	0.1151
海南	0.0142	0.0190	0.0261	0.0608	0.2150	0.0716	0.0679	0.0719	0.0735	0.0647	0.0592	0.0510	0.0643	0.0604	0.0691	0.0680	0.0643	0.0647	0.0623
重庆	0.7353	0.3929	0.4109	0.4179	0.7742	0.8056	0.7757	0.6331	0.5702	0.5293	0.4350	0.3436	0.4115	0.3788	0.3803	0.3141	0.2154	0.2293	0.5011
四川	1.2649	0.8250	0.7871	0.8280	1.1682	1.1258	1.1810	1.0358	0.8597	0.7931	0.7177	0.6520	0.4785	0.5457	0.5486	0.6355	0.6360	0.5931	0.8311
贵州	3.6404	3.1674	4.1507	4.4813	4.3541	4.4626	4.0526	3.8954	4.2329	4.4488	3.9202	3.8789	3.4309	2.9334	2.6442	2.6422	2.4065	2.4488	3.6608
云南	0.8888	0.3921	0.4057	0.4142	1.5082	1.5666	1.6008	1.6045	0.9892	1.5203	1.4525	1.3480	1.3127	0.5441	0.6116	0.5880	0.5994	0.9203	0.9859
陕西	2.8444	2.6547	2.7068	2.5782	3.4345	3.5484	3.7792	3.7381	4.1487	4.2732	4.1869	4.2363	4.3999	4.3018	4.7577	5.0921	5.2559	4.6732	3.7548
甘肃	1.3425	1.3625	1.4553	1.4230	1.4885	1.4704	1.3329	1.2795	1.1959	1.2158	1.1200	1.1078	1.0320	1.0332	1.1580	1.2574	1.1936	1.2158	1.2677
青海	1.8541	1.7779	1.8142	1.7466	1.8228	1.7781	2.0715	2.0760	1.9628	2.3140	2.1357	2.2127	2.5432	1.7456	1.2610	1.3787	1.7045	1.7140	1.8861
宁夏	3.8063	3.3850	3.1153	3.0646	3.0598	3.4345	3.4923	3.1883	3.7923	4.1305	4.2744	4.2866	4.2447	3.9276	3.7063	3.4705	3.8477	4.1305	3.7428
新疆	4.1567	3.2816	2.9334	2.6328	3.0405	3.0879	3.5615	3.6332	4.0670	3.8152	3.6943	4.1907	4.2543	3.9923	4.6507	5.3271	5.2702	4.8152	3.8862

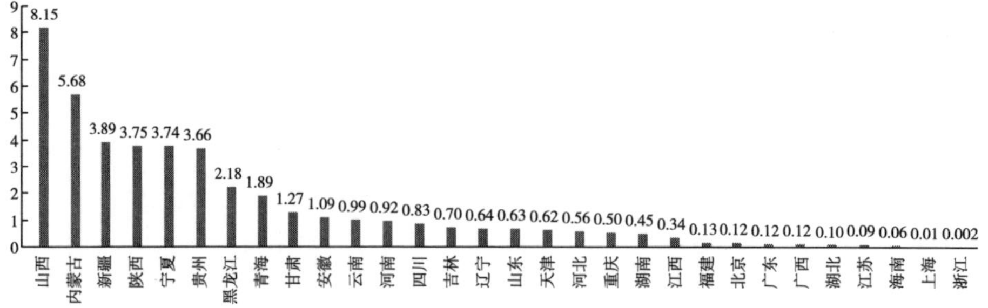

图 3-2 各省份资源诅咒指数平均值

展方式，才能持续推动经济社会发展。平均值介于 2~4 的资源诅咒较为严重的地区有新疆、陕西、宁夏、贵州、黑龙江五个地区，这五个地区的资源丰裕程度与经济增长速度匹配度不高，即资源禀赋对经济增长的促进作用发挥不明显，区域发展陷入较为明显的资源诅咒陷阱。均值介于 1~2 的资源诅咒边缘区或资源诅咒边缘区有青海、甘肃、安徽三个地区，这三个地区在发展过程中存在跌入资源诅咒的风险和苗头，若将经济正常波动纳入考量，边缘区仍处于相对安全范围内，资源诅咒现象轻微，此时更需要注重发展与保护的关系，避免区域经济发展对资源型产业进一步依赖而跌入资源诅咒较为严重的地区。除上述地区外，其余地区均属于平均值小于 1 的无资源诅咒地区，此类地区虽然资源富集程度不高但经济增速相对较高，说明当地经济发展优势并非依靠资源禀赋，发展模式不属于资源驱动的粗放型增长。其中，值得一提的是资源诅咒指数均值最小的浙江，18 年间均值仅为 0.002，说明浙江省经济社会发展完全没有受资源约束限制，而是依靠科技、商业模式和制度的创新以及人力资本积累等实现了集约型的经济发展。

在区域分布方面，可以明显得出资源诅咒严重的地区主要集中在西部，究其原因是我国自然资源分布有西部地区富集于东部地区的特点，西部经济发展过度依赖资源型产业久而久之形成了资源要素驱动的粗放型经济发展方式，短期来看确实带来经济快速增长，但长久来看以资源导向的粗放式发展反而导致创新要素被挤出、过度消耗资源能源、严重破坏生态环境等负面效应。反观东部地区尤其是沿海省份的自然资源相对贫乏，但这些地区依靠制度创新、技术进步、人力资本积累驱动经济增长，摆脱了自然资源限制约束走上了集约式技术密集型的发展之路，平均经济发展水平和增长速度远远高于西部地区，因此并未出现“资源诅咒”现象。

（二）模型

为探究区域创新能力指数和“资源诅咒”指数两者之间的关系，拟采用回归分析法进行判定。依据区域创新能力的影响因素和“资源诅咒”的传导机制选取变量构建回归模型，根据上文中理论框架和实际数据的可获取性，本书检验挤出效应的存在性模型如下：

$$y_{it}=c+\alpha_1 y_{i,t-1}+\alpha_2 rd_{it}+\alpha_3 z_{it}+\varepsilon_{it} \qquad (3-2)$$

在式（3-2）中，y_{it} 为区域创新能力指数，$y_{i,t-1}$ 为滞后一期的区域创新能力指数，rd_{it} 指资源依赖度，z_{it} 为控制变量，其中 i 代表不同地区，t 代表不同年份，c 是常数项，ε_{it} 为随机误差项。由于创新能力通常具有一定惯性，即前期的区域创新能力会直接影响当期区域创新水平，故本书在式（3-2）中纳入滞后一期的区域创新能力指数来考察区域创新能力变化的滞后效应，从而使式（3-2）成为一个较为合理的动态面板回归模型。

梳理相关文献和理论后，本书将控制变量 z_{it} 设定为人力资本水平（hc_{it}）、物质资本投入（mc_{it}）、对外开放水平（od_{it}）、制造业水平（ml_{it}）、市场化程度（md_{it}），将这些相关变量作为控制变量以便更为准确地把握资源依赖度对区域创新能力的真实影响，如式（3-3）所示。

$$y_{it}=c+\beta_1 y_{i,t-1}+\beta_2 rd_{it}+\beta_3 mc_{it}+\beta_4 hc_{it}+\beta_5 ml_{it}+\beta_6 od_{it}+\beta_7 md_{it}+\varepsilon_{it} \quad (3-3)$$

（三）变量

1. 被解释变量

本书使用各省份的区域创新能力指数为回归模型的被解释变量（y），之所以使用区域创新能力指数而非 R&D 投入作为被解释变量，是因为前者更能全面地体现一个地区的综合创新水平，而非仅仅技术创新。

2. 核心解释变量

使用资源依赖度（rd）作为回归模型的核心解释变量。现有文献在度量资源时选取各式各样的指标，其中最为典型的包括资源富集度与资源依赖程度两个概念，这两者完全不同却经常混淆。资源富集度指某地区拥有自然资源的多少或富裕程度，衡量资源禀赋水平；资源依赖度则是指某地区经济发展对资源的依赖程度，主要体现在地区经济的产业结构、就业结构、技术进步水平、发展速度和发展方向等方面对资源型产业的重要程度和影响强度上，即本国或本地区经济发展中资源型产业所做的贡献。要确保实证结果具有说服力就必须选取合适的度量指标，因此本书使用上文中得出的“资源诅咒”指数，即各省份一次能源产量在全国的占比与各省份第二产业增加值占全国比重的比值，来表示本书中各地区的资源依赖程度。

3. 控制变量

人力资本水平（hc）：目前已有文献中在衡量人力资本水平时多使用人均受教育年限或高等学校在校生人数占人口数比重。借鉴相关研究，本书选取各省份普通高等学校在校学生人数与当地人口数之比来衡量人力资本水平。

物质资本投入（mc）：本书选取国内生产总值中全社会固定资产投资所占比重来评估物质资本投入水平。

对外开放水平（od）：一般在衡量省级层面对外开放程度时多使用地区生产总值中进出口贸易总额所占比重（邵帅、齐中英，2008）。衡量地级层面对外开放程度时多使用外商直接投资数据而非进出口贸易占比（邵帅等，2013）。本书根据数据的可得性，用 FDI 即 GDP 中外商直接投资额占比衡量对外开放水平。

制造业水平（ml）：根据文献综述得出“荷兰病”效应是挤出效应的重要传导途径，即过度依赖自然资源会使当地大力开发自然资源，消耗人力、物力，从而抑制具有技术溢出效应的制造业发展，通过对制造业的挤出效应传导对本地区经济增长产生负面影响。本书选取制造业固定资产投资占全社会固定资产投资之比来衡量制造业发展水平。

市场化程度（md）：自然资源禀赋具有优势，这使初级产品生产领域吸引大量企业家、投资者和研发人员，进而对创新和创业活动产生了挤出效应（Sachs and Warner，1995）。产业结构过度集中于资源型产业不利于私营企业的发展，进而阻碍地区市场化水平的提高和经济社会的发展（万建香、汪寿阳，2016）。提高市场化程度有利于全要素生产率增长，进而促进经济发展（蔡昉，2009）。因此，市场化程度这一变量是研究资源密集地区经济增长常用的控制变量。我国自改革开放以来不断完善社会主义市场经济，逐步强调市场在资源配置中的决定性作用，其中将私营经济的发展情况作为衡量市场化进程的重要指标。一般来说，私营经济在地区经济中的占比变大，则反映出地区市场化水平较高，两者呈正相关。因此，本书选取各地区从业总人口中个体单位和城镇私营企业从业人员数占比来衡量市场化程度。

本书样本考察期为 2001~2018 年，样本截面使用全国 30 个省份（不含西藏、香港、澳门、台湾地区的数据）。相关数据主要来源于《中国城市统计年鉴》《中国城市年鉴》和《中国区域创新能力评价报告》（2001~2018 年）。

（四）估计方法

由于回归模型式（3-3）的解释变量中纳入了各省份区域创新能力即被解释变量的滞后项，通常会与随机干扰项 ε_{it} 存在一定相关性，进而导致回归模型出现内生性问题，如参照普通面板数据选择普通最小二乘法、固定效应或随机效应模型进行回归，就很可能会使解释变量系数的估计结果出现非一致或有偏现象。由于动态面板数据模型的估计要规避传统的工具变量法，而相对于传统的回归模型估计方法要求随机误差项服从某一特定分布的前提而言，动态面板广义矩估计法（GMM）对于随机误差项的分布并没有硬性要求，并且允许随机误差项存在异方差性，其具有有效处理模型中内生性和异方差性等问题的优点，因而与其他估计方法相比，GMM 估计法能够解决资源依赖程度、经济发展和区域创新三者之间变量的相关性和内生性问题，得到更为合理的估计结果。所以，本书选取 GMM 估计法进行回归。

GMM 估计法分为差分 GMM 估计法和系统 GMM 估计法。其中差分 GMM 估计法由 Blundell 和 Bond（1998）提出，其思路是对计量模型进行一阶差分，得到差分方程，然后使用被解释变量的高阶滞后项作为差分项的工具变量，通过求解样本矩的最小化二次型估计回归系数。虽然该方法在一定程度上缓解了内生性问题，但该估计方法存在着一定的缺陷，如容易产生弱工具变量问题。为了弥补差分 GMM 估计法的不足，Blundell 和 Bond（1998）提出了系统 GMM 估计法。该估计方法由差分 GMM 估计法和水平 GMM 估计法相结合得到，不仅可以提高估计效率，而且还具有更好的小样本性质（Roodman，2009）。系统 GMM 估计法的原理如下：

$$y_{it}=\alpha y_{it-k}+\beta x_{it}+\mu_i+\varepsilon_{it} \tag{3-4}$$

$$\Delta y_{it}=\alpha\Delta y_{it-k}+\beta\Delta x_{it}+\Delta\varepsilon_{it} \tag{3-5}$$

式（3-4）为水平方程，其中，y_{it-k}（k≥2）为工具变量，方程（3-5）为差分方程，其中 y_{it-k}（k≥2）为工具变量，与差分 GMM 估计法相比，系统 GMM 估计法多了一组工具变量，即作为水平方程工具变量的差分变量的滞后项。因此，系统 GMM 估计法弥补了差分 GMM 估计法的不足，能够更好地控制内生性问题，得到更加有效的估计结果。将 Δy_{it-k}（k≥2）作为水平方程中 y_{it-1} 的工具变量，将 y_{it-k}（k≥2）作为差分方程中 Δy_{it-1} 的工具变量，在 ε_{it} 不存在自相关的情况下，估计各待估系数是结合以下矩约束条件：

$$E(\Delta y_{it-k}.\ \varepsilon_{it})=0(t=3,\ 4,\ \cdots,\ T,\ k\geqslant 2) \tag{3-6}$$

$$E(y_{it-k}.\ \Delta\varepsilon_{it})=0(t=3,\ 4,\ \cdots,\ T,\ k\geqslant 2) \tag{3-7}$$

由矩约束条件式（3-6）和式（3-7）获得 ε_{it} 和 $\Delta\varepsilon_{it}$ 组成的矩阵 U_{it} 和工具变量矩阵 Z_{it}，转化矩约束条件后得：

$$G(\alpha,\ \beta)=\frac{1}{N}(\sum_{i=1}^{N} Z_{it}U_{it}) \tag{3-8}$$

将样本矩间加权距离函数实现最小化得到 GMM 的系数估计值：

$$\hat{\beta}=\mathrm{argmin}_{\beta}S(\alpha,\ \beta)=\mathrm{argmin}_{\beta}[G(\alpha,\ \beta)]^{-1}W[G(\alpha,\ \beta)] \tag{3-9}$$

根据文献可得，系统 GMM 估计法比差分 GMM 估计法的变量系数估计效果更为准确，同时针对小样本具有更好的估计结果。由于本书假设两者互为因果关系，而系统 GMM 估计法采用内生变量的滞后项作为内生变量的工具变量，在一定程度上能够避免互为因果关系带来的估计偏差，故选取系统 GMM 估计法。

进一步细分，系统 GMM 估计法包含一步系统 GMM 估计法和两步系统 GMM 估计法，适用于不同大小的样本，后者在样本量较小时估计量标准差会向下偏倚（雷海，2017），由于本书样本属于小样本，故计量模型式（3-3）的估计使用一步系统 GMM 估计法最为合适。本书除了使用一步系统 GMM 估计法外，为了检验估计结果的稳健性，还对回归方程使用了混合 OLS（Pooled OLS）模型和固定效应（FE）模型。

（五）结果分析

本书基于 2001~2018 年省级层面数据对式（3-3）进行回归分析。在对系统 GMM 工具变量进行有效性检验时，将 Sargan 检验替换为 Hansen 检验并对模型施加 Collapse 选项，以避免过度识别工具变量。同时，使用混合 OLS 模型以及固定效应模型作为对比以验证系统 GMM 估计结果的合理性。三种模型估计结果如表 3-4 所示。

表 3-4　三种模型估计结果对比

变量	一步系统 GMM	混合 OLS 模型	固定效应模型
y_{t-1}	0.5713*** (0.475)	0.8346*** (0.1638)	0.3572*** (0.188)
rd	-0.857*** (-5.28)	-0.946*** (-2.22)	-0.603* (-2.45)
hc	200.6** (2.83)	206.5* (1.07)	128.1* (2.02)
mc	368.4*** (11.23)	376.3* (4.60)	56.90 (1.75)
od	164.2** (6.95)	170.3* (2.90)	7.404 (0.51)
ml	26.87* (6.04)	28.68 (2.37)	2.642 (0.90)
md	32.40*** (8.38)	35.72*** (3.61)	4.624** (1.72)
c（常数项）	17.68*** (13.20)	18.96** (4.76)	26.741*** (25.33)
R^2	0.8806	0.6634	0.5720
AR（1）-P 值	0.021	—	—

续表

变量	一步系统 GMM	混合 OLS 模型	固定效应模型
AR（2）-P 值	0.783	—	—
Hansen test-P 值	0.373	—	—

注：表中所列数值为解释变量系数的估计值，括号内数值为相应的标准误。***、**、*分别表示变量在 1%、5%、10%的水平上显著。

从表 3-4 中可以看出，系统 GMM 估计中 AR（1）对应的 P 值为 0.021，AR（2）对应的 P 值为 0.783，表明随机误差项的差分存在一阶自相关而不存在二阶自相关。Hansen 检验的 P 值为 0.373，说明模型在检验是否过度识别约束时所使用的工具变量是有效的。故方程选取系统 GMM 回归是合理有效的。进一步验证其有效性以避免样本较小或工具变量较弱导致 GMM 估计产生偏倚，需要对比一步系统 GMM、混合 OLS 模型和固定效应模型三种模型中被解释变量滞后项的估计值。参考 Bond 等（1991，1998）的方法，被解释变量滞后项的系数在混合 OLS 模型中通常被高估，而在固定效应模型中通常被低估，若被解释变量滞后项的系数在 GMM 的估计值中处于两者之间，则说明此估计法合理可靠。从估计结果可以看出，系统 GMM 的被解释变量滞后项估计值（0.5713）恰好介于固定效应估计值（0.3572）和混合 OLS 估计值（0.8346）之间。从估计结果来看，再次证明本书构建的模型、模型选取的变量、对计量模型进行回归时选取的系统 GMM 估计法是合理有效的，故下一步具体分析系统 GMM 估计结果。

资源依赖度变量（rd）的估计系数在 1%的显著性水平上显著为负（见表 3-4），表明本书 H1 得到了实证检验，资源依赖度对区域创新能力具有显著的负向影响，资源依赖度的提高降低了区域创新能力，存在负面挤出效应。资源型产业与非资源型产业部门相比属于初级产业，技术创新水平低、所需人力资本数量不多且质量不高、与产业链前向联系不确定且后向联系弱，故发展资源型产业难以成为助推区域创新能力提高的动力，反而会产生对生产要素的特殊吸纳效应，同时会由于沉淀成本与路径依赖导致锁定效应，相互作用形成自我强化机制，长期来看会扭曲当地产业结构，愈发聚焦聚力于初级产业而排挤技术密集型产业（Acemoglu et al.，2002），从而对地区综合创新能力直接产生不利影响。

控制变量方面，人力资本水平（hc）的估计系数为正，且在5%的统计水平下显著（见表3-4），表明提高教育水平、积累人力资本对提升区域创新能力有正向作用。物质资本投入（mc）的估计系数为正，且在1%的统计水平下显著，表明加大物质资本的投入能够提升区域创新能力。对外开放程度（od）的估计系数为正，且在5%的统计水平下显著，即扩大对外开放、充分利用外商直接投资对推动区域创新能力的提高产生正向作用。制造业发展（ml）的估计系数同样为正，但显著水平不高，说明当前中国制造业对区域创新能力应有的推动作用尚未充分发挥，反映了我国大多数制造业忽视了其对推动创新能力提升的职责。市场化程度（md）的估计系数为正，且在1%的统计水平下显著，即大力发展私营经济和推进市场化进程能够显著提高区域创新能力。事实上，这在一定程度上是由于改革开放以来我国市场化进程的快速推进和私营经济的蓬勃发展，国家和区域的创新能力得到了迅猛提升（刘庆岩、孙早，2019），故继续推动社会主义市场经济体制改革、深入推进市场化进程将有助于区域乃至国家创新能力的提高。

综上所述，资源依赖对区域创新能力存在挤出效应，特别是在21世纪后的中国表现较为明显。在影响区域创新能力的各因素中，物质资本投资、人力资本积累、对外开放水平以及市场化程度均对区域创新能力产生了积极的正向作用。与此同时，制造业发展对其促进作用并不显著，这一结果也表明自21世纪以来我国特别是资源密集地区仍采用以资源能源为导向的粗放型增长方式，大量的资源型行业吸引并占用了较多的生产要素和资源，同时过度依赖资源型产业会在很大程度上抑制企业从事科技创新活动和技术进步的积极性，从而会在一定程度上对制造业发展形成挤出效应，因此使制造业发展未能显著推动区域创新能力提升，故验证了 H1。

三、基于脉冲响应函数分析检验

（一）因果关系检验

在进行脉冲响应函数分析之前，需要先检验“资源诅咒”指数与区域创新能力指数两者的格兰杰因果关系，判断两者是否是单向影响关系，究竟是资源依赖程度变化单向导致了区域创新变化，还是区域创新变化反向影响资源依赖程度，还是双方互为因果？鉴于使用线性因果表述两者关系会产生较大偏差，因此使用非线性格兰杰因果关系检验。在表 3-5 中，RC 表示“资源诅咒”指数，RIA 表示区域创新能力指数。从表 3-5 中可以看出，“资源诅咒”指数和区域创新能力指数两者之间互为非线性因果关系，即资源依赖程度变化是引起区域创新能力指数变化的格兰杰原因，同时区域创新能力指数也是资源依赖程度变化的格兰杰原因，故验证 H2：区域创新能力低下会使资源依赖程度升高，存在双向作用关系。

表 3-5　区域创新能力指数和“资源诅咒”指数的格兰杰因果关系检验

零假设	Chi-sq	P
RC 非线性 Granger 引起 RIA	13.6312	0.0009
RIA 非线性 Granger 引起 RC	0.5842	0.0026

基于存在双向因果关系，下文重点将使用VAR模型分析两者相互影响的情况。VAR模型的最突出特点是为将自回归模型中的单变量拓展为多元时间序列向量，在构造函数时把系统中任意内生变量都当作其他内生变量的滞后项（李丽，2017）。脉冲响应函数分析法用于测算随机干扰项波动对内生变量的冲击程度，即将一个单位标准差冲击作用于随机干扰项后，内生变量当期和未来值的变化情况，同时可以便捷地转换解释变量和被解释变量，验证互为因果关系（关春燕，2019）。

（二）构建函数

向量自回归法是通过分析变量间的残差验证变量间的相互作用关系，优势在于不需要依据严格的经济学假设或理论，重点研究模型变量之间的相关性，从而提高模型估计的准确性和预测的客观性（蔡晓慧、茹玉骢，2016）。故，本书基于向量自回归（VAR）模型采用脉冲响应函数进一步考察验证资源依赖度和区域创新能力两者之间的关系。构建模型的前提是两个变量RC和RIA同时满足同阶单整条件，因此本书在回归分析之前，需要验证RC和RIA两组时间序列数据能够通过平稳性检验，选取的是ADF检验方法，RIA与RC的平稳性检验结果如表3-6所示。

表3-6 RIA与RC的平稳性检验结果

变量	（C，t，q）	T
RC	（C，t，1）	-6.5617***
RIA	（C，0，0）	-4.2706***

注：C、t、q分别表示带有常数项、趋势项、滞后阶数；*、**、***分别表示在10%、5%、1%的显著性水平下显著。

根据协整理论，两组变量协整的必要条件是有相同协整阶数。表3-6中RC和RIA协整阶数相同，可进一步考察RC和RIA的协整性，RC与RIA的

协整检验结果如表 3-7 所示。

表 3-7　RC 与 RIA 的协整检验结果

Hypothesized No. of CE（s）	Eigenvalue	Trace Statistic	0.05 Critical Value	Prob. **
None *	0.8323	28.2626	19.4692	0.0062
At most 1 *	0.5069	8.6238	4.9088	0.0088

由表 3-7 可得，"资源诅咒"指数和区域创新能力指数通过检验存在协整关系，故使用向量自回归（VAR）模型考察两者关系是合理的。通过综合考察 LR、FPE、AIC、SC 和 HQ 信息准则，确定模型中的最优滞后阶数为 2。因此，本书所构建的向量自回归 VAR 模型如下：

$$\begin{cases} RIA_t = C_1 + \alpha_1 RIA_{t-1} + \alpha_2 RIA_{t-2} + \alpha_3 RC_{t-1} + \alpha_4 RC_{t-2} + \varepsilon_{1t} \\ RC_t = C_2 + \beta_1 RIA_{t-1} + \beta_2 RIA_{t-2} + \beta_3 RC_{t-1} + \beta_4 RC_{t-2} + \varepsilon_{2t} \end{cases} \tag{3-10}$$

式（3-10）中，RIA_t 为区域创新能力指数，RC_t 为"资源诅咒"指数，C_1、C_2 为常数项，ε_{1t}、ε_{2t} 为扰动项。如图 3-3 所示，进一步验证 VAR 模型系统的平稳性，单位根均处于单位圆之内说明模型平稳。

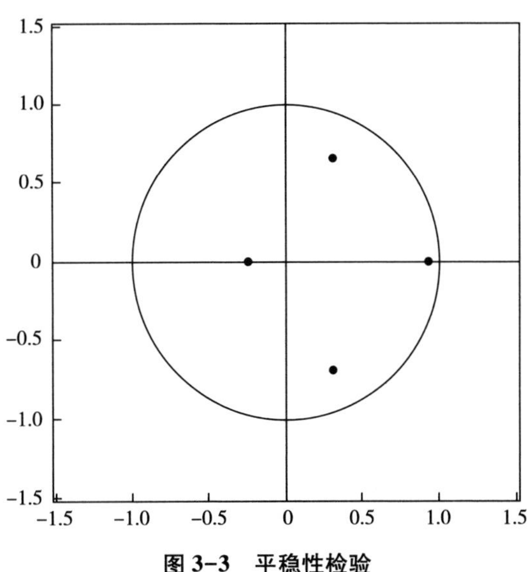

图 3-3　平稳性检验

（三）结果分析

使用脉冲响应函数进行分析的过程中，本书选择平方根法使扰动项正交，并调整了扰动项方差和协方差矩阵的自由度。设置完成后，将脉冲响应的观察期设置为滞后 10 期，区域创新能力指数对“资源诅咒”指数的脉冲响应分析结果如图 3-4 所示。

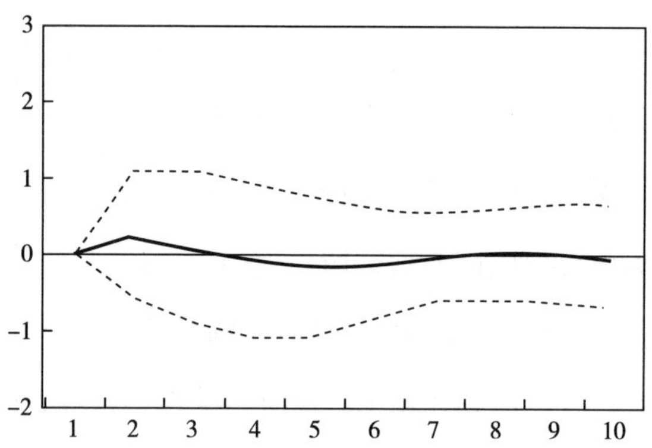

图 3-4　区域创新能力指数对“资源诅咒”指数的脉冲响应分析结果

图 3-4 中实线表示区域创新能力受到系统单位标准差冲击作用后的反应，虚线代表波动的正负方差范围。在图 3-4 中，系统对“资源诅咒”指数产生一个单位标准差冲击后，区域创新能力指数会在第二期开始出现正向影响，但到第三期开始呈下降趋势，从第四期开始由正转负，即资源依赖程度的上升开始对区域创新能力产生负向影响。由此可知，短时期内资源依赖对区域创新能力虽未产生负向影响，但随着时间的推移，资源依赖程度对区域创新能力的负向作用逐步凸显且有自我强化的趋势。故本书得出结论，过度依赖资源的粗放型发展模式会使资源型地区出现技术挤出效应，进而抑制当

地区域创新能力和经济社会持续健康发展的潜力。

图 3-5 中实线为“资源诅咒”指数应受到系统单位标准差冲击作用后的反应，虚线为波动正负方差范围。如图 3-5 所示，区域创新能力的系统冲击对“资源诅咒”指数在第一期后就产生负向影响，随后由强到弱。这一结果揭示出，区域创新能力对“资源诅咒”指数很快产生负向影响，随着时间的推移不断凸显。说明区域创新能力的下降会进一步导致本地区更加依赖资源，进而形成恶性循环，危害其整个区域经济的后续健康发展。反之，区域创新能力提升有助于摆脱资源依赖，能够为后续发展提供强劲动力。

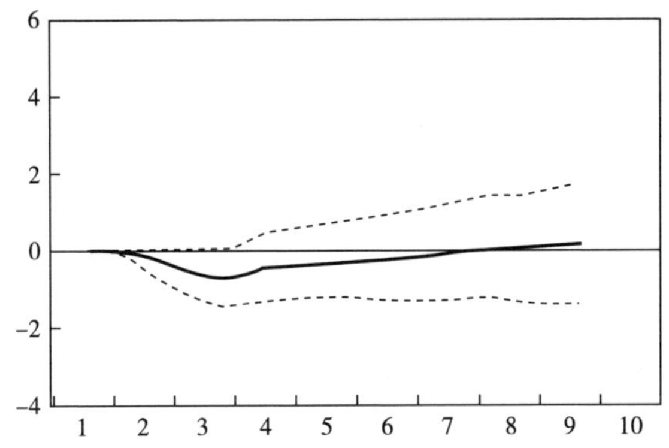

图 3-5　“资源诅咒”指数对区域创新能力指数的脉冲响应分析结果

故验证 H2：区域创新能力低下会使资源依赖程度升高，存在双向作用关系。

本章小结

本章采用系统 GMM 模型并实证分析了资源依赖对区域创新挤出效应的

存在性，在此基础上构建 VAR 模型，利用脉冲响应函数分析法验证了两者相互作用的关系，得出了以下结论：

（1）系统 GMM 估计结果显示，对资源型产业的过度依赖不利于区域创新能力增长，挤出效应得到验证。在影响区域创新能力的各因素中，物质资本投资、人力资本积累、对外开放水平以及市场化程度均对其产生了积极的正向作用。制造业发展对创新能力的促进作用并不显著，这一结果表明，自 21 世纪以来我国大部分地区特别是资源密集地区发展仍采用以资源能源为导向的粗放型增长方式，过度依赖资源抑制了企业从事科技创新活动和技术进步的积极性，同时生产要素资源会被大量的资源型行业吸引占用，并在一定程度上对制造业发展产生挤出效应，使制造业发展未能显著推动区域创新能力的提高。

（2）脉冲响应函数的分析结果显示，区域创新能力指数对“资源诅咒”指数的脉冲响应在很短时间后就转为负值，这表明从长期来看资源依赖对区域创新发展会随着时间推移逐步显现出不利影响。同时，区域创新能力指数的系统冲击对“资源诅咒”指数很快就产生负向影响，这意味着区域创新能力的下降会进一步导致本地区更加依赖资源，区域创新能力提升有助于本地区摆脱资源依赖。根据这一实证结果，两者互相产生负向影响，极易形成恶性循环。若资源密集地区继续固化原有的资源型分工，无法转变资源导向型发展模式的路径依赖，不及时寻求新的发展方式、发展驱动力，则难以提升其区域创新能力，会抑制未来经济持续增长的潜力和动力，其更难以实现经济和社会的高质量发展。

（3）资源密集地区需从调整产业结构和实施创新驱动发展战略两方面同时入手：转变经济发展方式，主动摆脱资源路径依赖，通过发展理念的更新、利益格局的调整、产业结构的升级等一系列方法减少本地区发展对资源的依赖程度，即降低资源密集型产业比重，提升技术密集型产业比重，在产业和企业发展中提升区域创新能力；同时需要大力实施创新驱动发展战略，通过加大创新投入、人才培养、提供制度、营造氛围等方式，使本地区获得持续发展和高质量发展的根本驱动力——区域创新能力。两者能够形成良性循环，从而确保未来区域发展的增量、结构、质量和可持续性。

第四章　资源依赖对区域创新挤出效应的测度

一、测度方法研究

关于资源依赖对区域创新能力挤出效应的测度国内外现有文献较少涉及，而关于其他类别的挤出效应多数文献重点在验证其存在性，仅有少数文章涉及挤出效应的大小，多数文献使用弹性系数来测量挤出效应的大小。挤出效应的测度方法一般分为微观测度和宏观测度两种（郑晓燕，2017）。微观测度的突出特点有：一是数据来源于微观调查数据库。例如，国外研究微观家庭投资对支出影响时使用的是动态面板家庭支出与收入研究数据，国内的研究使用的数据包括中国家庭追踪调查（CFPS）、中国企业盈利调查、中国营养与健康调查（CHNS）以及社会学领域经常使用的中国综合社会调查（CGSS）等。微观数据本身不属于宏观或中观层面的区域性数据库或者数据

年鉴，而是通过问卷调查或人为数据处理所展开的微观主体测度，故依托该微观调查数据在一定程度上对结果精确性产生一定误差。二是通常将基本模型设定为“双对数”形式进行回归，即经济学中概念——将解释变量与被解释变量、影响因素和被影响因素都取对数获得回归系数。“弹性系数”越大代表影响程度或挤出效应越高。“双对数线性模型”最早运用测度父子之间的贫困代际传递程度（Cameron and Trivedi，2009），开创了该领域测度的先河。Zimmerman（1992）将对数线性模型进行改进，引入解释变量与被解释变量的平均值回归。万月（2005）同样在研究代际收入问题时运用双对数线性回归模型，分区域、年龄、性别测度分析了代际收入弹性系数不同的原因。李永等（2015）针对我国消费对房地产的弹性系数这一问题使用对数线性回归模型、百分位矩阵转换法和 1989 年微观调查收入数据，属于典型的微观测度法。微观测度中的数据选取和双对数模型会导致计量上出现“向上偏误”的弊端，故国内外学者在微观测度的基础上不断进行计量上的修正。宏观测度有两大特征：一是依赖于宏观数据库，多数只用统计年鉴或宏观指标数据去描述弹性系数的变化；二是多数为面板回归模型。例如，沈晓燕（2017）采用历年《中国统计年鉴》数据构建固定效应变系数模型分析了我国城镇居民基本医疗保险对储蓄挤出效应的区域差异。提旭（2015）在研究社会保险缴费对劳动力挤出效应的强度时使用省级面板数据和上市企业面板数据进行了动态回归分析。本书将基于宏观测度视角研究测算资源依赖程度对区域创新能力挤出效应的大小。

二、数据、样本、变量及模型选择

根据前文综述及数据的可获得性，测算区域创新能力挤出效应仍然需要使用面板数据模型。需要通过协方差分析检验（F 检验）来选择使用变系数模型、变截距模型和不变系数模型中的一种。F 检验的两个原假设如下：

$$H_1: \beta_1 = \beta_2 = \beta_3 = \cdots = \beta_N \tag{4-1}$$

$$H_2: \alpha_1 = \alpha_2 = \alpha_3 = \cdots = \alpha_N;\ \beta_1 = \beta_2 = \beta_3 = \cdots = \beta_N \tag{4-2}$$

若接受 H_2，则选择不变系数模型，检验结束。若拒绝 H_2，再考察 H_1，若接受 H_1，则选择变截距模型；若拒绝 H_1，则选择变系数模型。对 H_1 和 H_2 进行检验需要构建 F 统计量，设定变系数、变截距、不变系数三个模型的残差平方和分别为 S_1、S_2、S_3，使用 Eviews 8.0 得出结果 $S_1 = 0.022736$，$S_2 = 0.107079$，$S_3 = 0.605211$。检验 H_1、H_2 原假设，对应的统计量 F_1、F_2 分别为：

$$F_1 = \frac{(S_2 - S_1)/[(N-1)k]}{S_1/[N-N(k+1)]} \sim F[(N-1)k,\ N(T-k-1)] \tag{4-3}$$

$$F_2 = \frac{(S_3 - S_1)/[(N-1)(k+1)]}{S_1/(N-N(k+1))} \sim F[(N-1)(k+1),\ N(T-k-1)] \tag{4-4}$$

在式（4-3）和式（4-4）中，$N=30$，$k=7$，$T=17$，将所有已知数代入上述算式，可得两个统计量分别为：$F_1 = 1.7935$，$F_2 = 8.7492$。利用函数@qfdist（d，k_1，k_2）算出 F 分布临界值，其中 d 是临界点，k_1、k_2 是自由度，在给定 5% 的显著性水平下，得出相应的临界值为：$F\alpha_1 = 0.6143$，$F\alpha_2 = 0.6172$。由于 $F_2 > F\alpha_2$，故拒绝 H_2，再检验 H_1，由于 $F_1 > F\alpha_1$，故拒绝 H_1，因

此本书选择变系数模型。

面板数据模型有两种影响形式，分别是固定效应和随机效应，本书验证资源依赖对区域创新挤出效应的大小，需要采用两种检验方法区分模型应用哪种影响形式，分别是霍斯曼（Hausman）检验和似然比（Likelihood，LR）检验来确定。Hausman 检验的原假设是建立随机效应模型，如果满足原假设，则建立随机效应模型，如果拒绝原假设，则建立固定效应模型。LR 检验的原假设为固定效应是多余的，如果结果拒绝原假设，则说明应建立固定效应模型。根据以上判定方法，运用 Eviews 8.0 软件，分别采用以下两种检验方法，测度模型的 Hausman 检验结果如表 4-1 所示。

表 4-1　测度模型的 Hausman 检验结果

检验方法	原假设	检验统计量	P 值	结果
Hausman 检验	建立随机效应模型	15.2747	0.0010***	拒绝原假设
LR 检验	固定效应是多余的	27.6902	0.0000***	拒绝原假设

注：*** 表示在 1%的显著性水平下拒绝原假设。

表 4-1 显示，Hausman 检验结果为 P=0.0010，表示在 1%的显著性水平下拒绝原假设；再看 LR 检验，P=0.0000，同样拒绝原假设。两种检验结果均表明，本章模型应采用固定效应影响形式。另外，根据面板数据模型相关理论，如果仅以样本自身效应为条件进行研究，宜使用固定效应模型，如果想通过样本对总体效应进行推论，则应该使用随机效应模型。

结合上文，本书依旧使用前文构建的动态面板回归模型：

$$y_{it}=c+\beta_1 y_{i,t-1}+\beta_2 rd_{it}+\beta_3 mc_{it}+\beta_4 hc_{it}+\beta_5 ml_{it}+\beta_6 od_{it}+\beta_7 md_{it}+\varepsilon_{it} \quad (4-5)$$

式（4-5）中，y_{it} 为各省份的区域创新能力指数，$y_{i,t-1}$ 为滞后一期的各省份的区域创新能力指数，rd_{it} 为各省份的资源依赖度，hc_{it} 为人力资本水平、mc_{it} 为物质资本投入、od_{it} 为对外开放水平、ml_{it} 为制造业水平、md_{it} 为市场化程度，i 代表不同地区，t 代表不同年份，c 是常数项，ε_{it} 为随机误差项，β_1、β_2、β_3、β_4、β_5、β_6、β_7 分别代表各变量的系数。

本书所有变量数据仍然使用前文指标。样本考察期为 2001~2018 年，样本截面使用全国 30 个省份（不含西藏、香港、澳门、台湾地区的数据）。相关数据主要来源于《中国城市统计年鉴》《中国城市年鉴》和《中国区域创新能力评价报告》（2001~2018 年）。

三、结果分析

根据上文选择固定效应变系数模型，使用 Eviews 8.0 软件，采用最小二乘法进行回归，经过加权统计得到如表 4-2 所示的结果。

表 4-2　模型检验结果

加权统计			
决定系数	0.7684	因变量均值	0.4011
修正决定系数	0.7119	因变量标准差	0.1905
标准误	0.0365	残差平方和	0.2419
杜宾值	1.43977		

表 4-2 表明，模型决定系数为 0.7684，修正决定系数为 0.7119，表明该模型的拟合度较高；杜宾值为 1.43977，证明了残差无序列相关。本书模型总体上估计效果良好。

表 4-3 为模型回归结果，各变量系数、统计量和 P 值均在表中显示，本

书重点对最关键的变量资源依赖度的回归系数进行分析，认为其能够代表资源依赖对区域创新能力挤出效应的大小。

表 4-3　模型回归结果

变量	系数	统计量	P 值
滞后一期的各省份的区域创新能力指数（y_{t-1}）	0.35719***	11.6186	0.000
资源依赖度（rd）	-0.60325***	-1.1774	0.0000
人力资本水平（hc）	128.491205	3.0193	0.0000
物质资本投入（mc）	51.783181	1.9251	0.0001
对外开放水平（od）	7.035847	0.6461	0.0001
制造业水平（ml）	2.099082	0.0438	0.0001
市场化程度（md）	4.556150	1.8647	0.0000
30 个省份			
北京	3.3928*	1.6812	0.1172
天津	7.7522	1.4085	0.1745
河北	7.1254**	5.3507	0.0000
山西	12.9089***	8.7554	0.0004
内蒙古	11.5938***	0.0482	0.9721
辽宁	8.3857	0.8718	0.5589
吉林	8.2341**	2.1107	0.0579
黑龙江	9.3651**	2.2656	0.0436
上海	3.6709***	2.9047	0.0054
江苏	4.4418***	3.8341	0.0002
浙江	3.9364***	7.5649	0.0001
安徽	8.7284**	3.4814	0.0012
福建	5.8234***	4.5518	0.0000
江西	6.0963*	7.1722	0.0000
山东	7.4435*	4.5538	0.0000
河南	8.2611*	3.4759	0.0011
湖北	5.0846**	3.9534	0.0000

续表

变量	系数	统计量	P 值
湖南	6.4250**	2.8548	0.0078
广东	4.0782***	3.2775	0.0024
广西	6.0788*	7.6187	0.0000
海南	6.2436	3.6162	0.0002
重庆	6.0630***	0.9056	0.4745
四川	8.0582	0.1208	0.8984
贵州	9.9289***	3.6493	0.0000
云南	9.6485***	6.4677	0.0002
陕西	8.8939	0.3907	0.7628
甘肃	10.3644	1.6302	0.0923
青海	10.8085	0.0604	0.9236
宁夏	10.8221	1.1583	0.2853
新疆	11.9592***	5.7628	0.0000
不同年份			
2001	12.6332	5.1819	0.0295
2002	12.5349**	3.2581	0.0091
2003	12.0528	4.7594	0.0002
2004	11.9718*	5.9334	0.0059
2005	9.5246*	4.8528	0.0078
2006	9.7720	5.2193	0.0013
2007	9.9425**	6.7297	0.0009
2008	9.8292*	5.7362	0.0000
2009	11.0751***	1.8239	0.0000
2010	7.4699***	1.2158	0.0892
2011	10.3240*	4.3581	0.0066
2012	7.3210**	4.1653	0.0018
2013	9.2716	2.0018	0.6729
2014	7.5282*	2.6915	0.0091
2015	7.8585**	0.9573	0.8624

续表

变量	系数	统计量	P 值
2016	7.3462**	0.8966	0.3852
2017	7.4109***	3.8276	0.0091
2018	7.0696**	1.0573	0.9824

注：*、**、*** 分别表示在 10%、5%、1%的显著性水平下显著。

（一）按时间序列

从图 4-1 中可以看出，我国资源依赖对区域创新能力挤出效应在 2001~2018 年呈波动下降趋势。从总体上看，在资源依赖程度下降和国家创新能力不断提升的情况下，挤出效应即资源对创新能力提升的副作用逐步缩小，意味着资源依赖对我国提升创新能力的负面影响逐步减小，资源对于我国创新能力的提升逐渐开始由“诅咒”转为“福音”，这与我国实施创新驱动发展战略以及逐步注重提升国家和区域创新能力有直接关系，同时也直接受益于

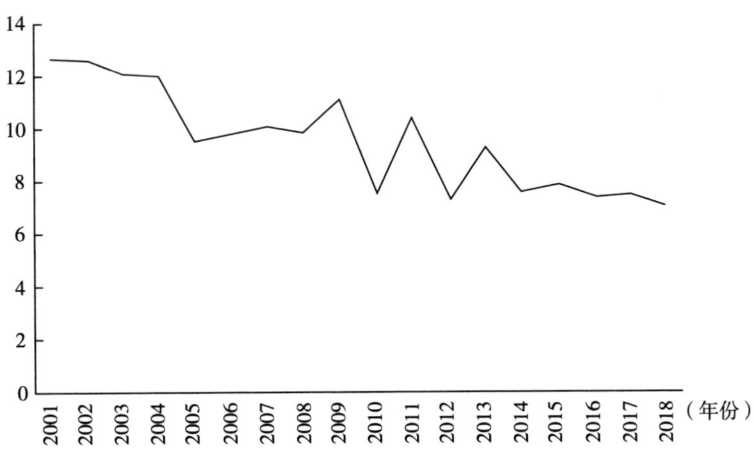

图 4-1 2001~2018 年我国资源依赖对区域创新能力挤出效应测算

党的十八大后从中央到地方对生态文明建设的重视，注重资源能源的节约和保护，严格监管资源开采全过程，逐步缩减经济结构中初级产业的比重，优化升级产业结构，走上由粗放型向集约型转变的高质量发展新路子。但有个别年份存在波动，如2009年、2011年和2013年，说明挤出效应在这几年受到全球金融危机、资源价格波动和我国对于资源开发的监管影响，存在不稳定上升现象。

（二）按区域分类

从图4-2中可以看出，资源依赖对区域创新能力的挤出效应在我国不同省份不同地区表现的程度不尽相同，可以分为四类：将挤出效应大于10的地区划定为挤出效应高危区；将挤出效应介于8~10（不含8）的地区划定为挤出效应严重区；将挤出效应介于6~8的地区划定为挤出效应中危区；将挤出效应小于6的地区划定为挤出效应低危区。依据这一界定标准可以看出，山西、新疆、内蒙古、宁夏、青海、甘肃属于第一类挤出效应高危区，表明这些地区由于经济发展过度依赖资源导致区域创新能力受到严重抑制，资源禀赋并未构成提升区域创新能力的有利条件，自然资源富集度甚至在某种程度上制约了区域创新的提升和社会经济的健康可持续发展。因此，这类地区亟须采取措施打破挤出效应的传导，转变经济发展方式，进而促进区域创新能力的持续提升。贵州、云南、黑龙江、陕西、安徽、辽宁、河南、吉林、四川属于第二类挤出效应严重区，表明这类地区的资源丰裕程度与区域创新能力之间偏离程度较高，地区发展已经表现出较为明显的区域创新能力挤出效应。天津、山东、河北、湖南、海南、江西、广西、重庆属于第三类挤出效应中危区，表明这类地区在发展的过程中资源对于区域创新挤出效应存在但不明显，尚处于比较安全的范围，需要注重资源开发利用和提升区域创新能力之间的关系，避免过于依赖资源型产业的发展从而跌入严重的创新能力挤出陷阱。福建、湖北、江苏、广东、浙江、上海、北京则属于第四类挤出效应低危区，表明这些地区区域创新能力提升的速度高于其资源富集度所决定的增长速度。其中北京作为区域创新要素最完备、区域创新体系最健全的地区挤出效应最小，其区域创新能力的提升几乎未受到资源约束限制，经济增长更多地依靠科技和制度创新以及人力资本积累，发展动力实现了向创新驱动的转变，经济实现了集约型发展。

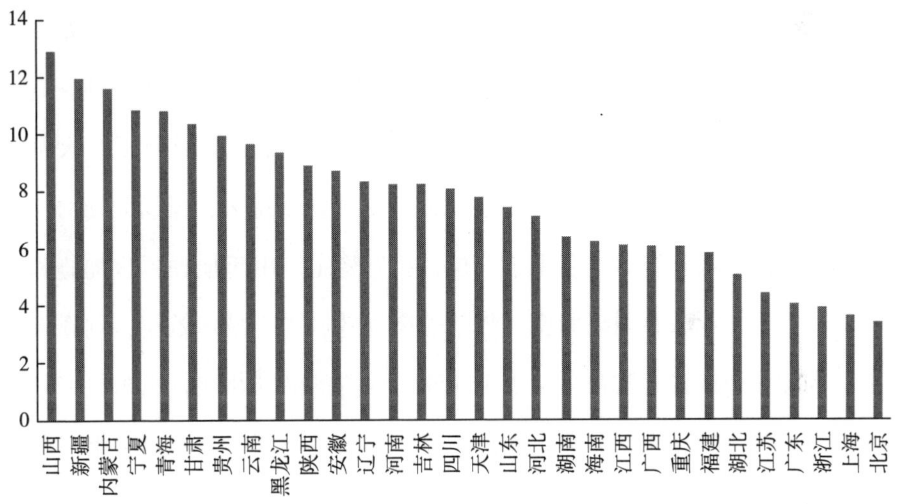

图 4-2　2001~2018 年各省份资源依赖对区域创新能力挤出效应测算对比

综上可知，我国东部、中部、西部和东北地区四个区域资源依赖对区域创新能力的挤出效应呈现明显不同。

东部地区挤出效应普遍偏小，全部属于挤出效应低危区。特别是长三角、珠三角一带和北京，由于经济发展和对外开放程度相对较高，在人才队伍、市场经济、利用外资和国际化发展上具有得天独厚的条件，同时本身不属于资源富集地区，原本产业对于自然资源的依赖不高，因此产业结构多以技术密集型为主，在推动创新驱动发展战略时强调以科技创新推动产业升级和经济增长，且区域创新生态体系发育较早、相对成熟。北京作为首都汇集了大量高校、科研机构和创新型企业等，是我国创新资源最密集的地区，在此基础上构建了较为完备的政策支持体系，营造了良好的创新环境，进而形成良性循环，吸引更多创新资源。上海作为金融中心、国际化大都市，其市场化程度、对外开放水平和国际化水平居全国首位，这些优势助推其创新能力不断提升和创新环境不断优化。江浙一带突出企业作为创新主体的地位，在区域发展中重视实施创新驱动发展战略，以科技创新和制度创新作为重要支撑推动产业升级和经济增长，区域创新能力和区域创新环境在全国首屈一指。广东是开放前沿，更是经济大省，拥有市场化程度较高的经济体系、大量高素质人才和丰富的外商投资，这些使其拥有区域创新持久、强劲的动力。山东长期位于区域创新能力排名中第三位，相对稳定，由于地理区位优势和人口优势，当地企业联系网络紧密，创新的市场效应大于技术效应，创新链与产业链和市场衔接较为紧密，与小企业联系为主的浙江相比，山东更多是依赖大型企业之间的联系。虽然各省份的优势和特色不同，但可以看出东部地区有限的资源对于区域创新能力几乎没有挤出效应。

中部地区挤出效应普遍适中，资源较为丰富且区域创新能力居中。资源丰裕并未使各地产业只依赖于资源密集型产业，反而在一定程度上带动了中部地区区域创新能力的提升。作为中部地区的核心省份，湖北具有丰富的高校科研资源，且在省内大力推动实施科教兴省战略，诞生了我国第一个科技企业孵化器，其建立的较为畅通的沟通渠道使科研成果在孵化器和龙头企业内实现产业转化投入市场。河南依靠科技体制机制改革促进区域知识创新，通过创新的市场性和先进性提升其区域创新能力。四川拥有完备的基础设施

且在近年来不断引进优质人力资源，其区域创新能力稳定且潜力较大。福建资源丰富，但区域创新能力居全国中下游，属于“科技小省”，科教投入、研发投入等指标都相对不足，提升潜力巨大。湖南的挤出效应近年来不断加大，原因是当地企业创新能力有所下滑导致其区域创新能力排名没有提升，亟须充分利用当地高校、科研院所、企业等创新资源加强自主创新能力建设。安徽科教资源丰富，拥有中国科学技术大学和多所中国科学院的研究所，在创新投入中企业占比较大，区域创新能力受企业创新能力和外资引进力度不足所限。天津在创新发展优势上与北京和上海相似，能够享受城市群内构建的区域创新体系且对外开放，对内联动程度较高。可以看出，湖北、河南、四川、福建、湖南、安徽等地在发展过程中资源丰裕作为一项优势吸引了提升区域创新能力的各项要素聚集，故挤出效应中等。

西部地区挤出效应普遍较强，资源相对富集，经济发展和产业结构普遍趋于粗放型资源密集型，从区域创新能力的结果上看存在较大的挤出现象。长期以来，西部区域创新能力被挤出的原因包括：一是改革开放以来我国创新资源和各项发展政策整体倾斜于东部沿海地区，未能够给予西部地区创新领域特别是基础创新足够的重视和扶持；二是创新主体人力资本的主观能动性未被充分激发，总体而言，西部地区教育资源贫乏，教育水平不够发达，在培养创新人才方面劣势明显，在区域创新资源不断流动的过程中由于相对不利的地理位置和不发达的经济发展水平无法吸引创新人才流入，反而在人才争夺中大量流失本地人才，进一步制约了区域创新能力的提升；三是市场竞争能够促进企业创新动力和能力，西部地区总体来看处于欠发达地区，市场化程度较低，生产要素不断被东部沿海地区吸引，当地市场外溢效应缺失；四是区域创新环境不优，西部大开发实施二十多年来取得一定成就，但与部分省份的政策力度不相匹配。究其原因是政策传导性较弱，即受区域发展基础和社会环境影响，扶持政策在推广应用中阻力重重，由于不能够保证政策有效实施，稀释淡化了政策的效果，对提升区域创新能力的正向作用大打折扣。特别是像山西、内蒙古这类资源密集地区，其长期以来严重依赖初级产品的生产、加工并以此获得了很大发展红利，进入传统发展路径依赖，忽视了原本薄弱的区域创新发展，因此在新一轮区域竞争中出现了较大劣势。

东北地区挤出效应适中，前弱后强。虽然长期以来经济发展对于资源依赖也相对严重，但早年间国家的大力投资为其奠定了良好的工业基础，因此东北地区的传统产业层次相对于西部地区还算偏高。近五年由于东北经济衰退和人才流失问题严重，区域创新能力下降比较明显，开始显现出资源依赖对于区域创新能力的挤出效应。整个东北地区创新能力近年来呈现明显的下降趋势，东北三省资源富足，作为东北老工业基地有着产业基础，拥有众多国家级科研院所和国有大中型企业，但恰恰是它们占据了过多的创新资源，导致民营企业分羹很少。由于人口外流严重，东北地区的创新人力资本特别是高端人才流失严重、极度匮乏。东北地区整体区域创新能力下降且受制于产业结构中传统产业占比过大等因素的影响，无法适应经济新常态下我国的发展模式，极大地制约了东北地区培育创新主体、促进成果转化和建立协调机制。

本章小结

基于宏观测度视角本章采用固定效应变系数模型并使用回归分析测算了资源依赖对区域创新能力挤出效应的大小，按时间、按地域分析了其形成的

原因和后果。研究结果如下：

（1）我国资源依赖对区域创新能力挤出效应在2001~2018年呈波动下降趋势，从总体上看，在资源依赖程度下降和国家创新能力不断提升的情况下，挤出效应即资源对创新能力提升的副作用逐步缩小，意味着资源依赖对我国提升创新能力的负面影响逐步减小，资源对于我国创新能力的提升逐渐开始由“诅咒”转为“福音”，这直接受益于实施创新驱动发展战略、加大重视生态文明建设、优化升级产业结构和由粗放型向集约型转变的高质量发展。

（2）资源依赖对区域创新能力的挤出效应在我国不同省份不同地区表现的程度不尽相同，可以分为挤出效应高危区、挤出效应严重区、挤出效应中危区和挤出效应低危区四类。东部、中部、西部和东北地区四个区域资源依赖对区域创新能力的挤出效应呈现明显不同，其中东部地区有限的资源对于区域创新能力几乎没有挤出效应；中部地区挤出效应普遍适中，在发展过程中资源丰裕作为一项优势吸引了提升区域创新能力的各项要素聚集，区域创新能力居中；西部地区挤出效应普遍较强，资源相对富集，经济发展和产业结构普遍趋于粗放型资源密集型，依赖传统发展路径，忽视了原本薄弱的区域创新发展，从区域创新能力的结果上看，西部地区存在了较强的挤出效应，因此在新一轮区域竞争中出现了较大劣势；东北地区挤出效应前弱后强，总体居中，近年由于产业结构对资源的依赖，出现了较为严重的经济衰退和人才流失问题，区域创新能力下降比较明显，开始显现出资源依赖对于区域创新能力的较强挤出效应。

第五章　资源依赖对区域创新挤出效应的传导机制

本章在现有文献的基础上从理论视角分析资源依赖对区域创新挤出效应的主要传导机制，需要强调的是，本章传导机制并非按照指标体系从知识创造、知识获取、企业创新、创新环境和创新绩效五个维度探讨区域创新能力的提升，而是从资源依赖对可能影响区域创新的相关因素出发，从区域创新的综合性内涵出发，从产业结构调整、经济发展模式和社会环境优化等相结合的视角，进行文献梳理、理论分析并构建模型，使用系统 GMM 估计法对我国 2001~2018 年省级层面数据进行实证检验；依据结果系统地剖析资源依赖对区域创新挤出效应的传导机制。

一、理论分析

大多数国内外学者的基本观点为：自然资源富集会抑制地区经济增长，

主要原因是挤出了各类经济发展必要的要素，其中主要传导媒介之一就是技术挤出（Gylfason，2001）。在实证研究方面，从跨国视角分析，自然资源丰裕在直接抑制经济增长的同时会挤出技术创新。在探究资源与创新两者关系时多数文献都涉及了“资源诅咒”的传导机制，包括贸易条件波动、“荷兰病”效应、挤出效应和制度弱化效应。本节从理论视角分析技术挤出效应的传导机制。

（一）贸易条件波动

由于贸易条件波动导致资源密集国家缺乏稳定的经济环境和对外资、技术引进的吸引力，形成资源要素驱动的发展路径依赖，削弱技术密集型产业，进而削弱区域技术创新能力。20 世纪 50 年代，西方结构主义盛行，经济学逐渐对经济增长受资源负面影响展开研究，原因聚焦于出口资源或初级产品不利于贸易条件从而抑制经济增长，进而导致外资和技术的引进困难。例如，Singer（1950）、Prebisch（1950）等探讨了自然资源出口国的国际贸易条件恶劣使经济增长缓慢的原因，认为若某一国家的国际贸易以出口缺乏需求价格弹性的自然资源或初级产品为主导，极易受到贸易条件波动的冲击，该国对外贸易处于国际产业链低端，无法成为经济增长的引擎，过度依赖开采资源和生产初级产品导致全球贸易市场上能源资源供给大于需求的矛盾不断激化，该国赖以生存的资源初级产品价格不断下跌，在全球化进程中不断拉大了发达工业化国家和欠发达的资源产品出口国之间的发展差距。陷入恶性循环后，欠发达国家产业链更多聚焦在微笑曲线低端的附加值较低、技术密集度不高的环节上，对技术含量高的产业缺乏吸引力，进而导致此地区陷入资源要素驱动的发展路径依赖。Ramey G. 和 Ramey V. A.（1994）认为贸易条件波动带来的出口波动明显阻碍了外资和技术引进。Auty（1993）指出自然资源初级产品在国际贸易市场上价格波动较大，直接影响着以此为生的国家或地区，进而影响区域经济发展、政府财政收入和宏观经济政策，远期投资主要指研发经费、教育经费等投入会明显减少，导致整个国家或地区缺乏长期持续的创新资源投入，最终造成经济稳定性和持续性不佳。

（二）“荷兰病”效应

由于“荷兰病”效应导致国家或地区制造业萎缩，而多数创新资源都聚焦并发力在制造业领域，制造业作为实体经济创新的基础和主要领域，会直接影响该区域的创新能力。西方学术界在研究“资源诅咒”传导机制时最早发现的就是“荷兰病”效应，实践经验中也认为“荷兰病”效应是大多数资源丰裕国家相较资源贫瘠国家经济增长滞缓、动力不足的重要原因（Rosser，2007）。其主要是指制造业会由于资源转移、相对价格效应和支出效应三种路径出现利润水平下降、发展空间压缩，进而导致逐渐衰落。资源转移效应是指在区域经济发展中过度发达的技术含量较低的资源产业对于生产要素如劳动力和资本具有巨大吸引力，生产要素的需求大必然会导致其价格上涨，流入技术含量较高的制造业的创新资源将更加匮乏，成本上升、利润下降，其持续发展和创新要素储备会受到冲击（Wright，1990）。资源丰裕的资源型产业繁荣会使资源的价格快速上涨，资源型产业收益丰厚，从事该行业的劳动力边际产值增加、需求上升，为吸引劳动力从技术创新能力更强的制造业向相对较弱的资源型产业转移，资源型产业会为劳动力支付更高的工资，使全社会劳动力成本上升，且总体流向技术含量较低的领域。制造业需提供更高的工资以吸引劳动力回流，特别是对于能够创新的研发人员和研发团队需要花费更高的成本，最终对制造业的产品创新和产业升级造成不利影响

(James and Aadland, 2011)。相对价格效应是指某国家通过出口自然资源来大幅提升贸易收入，这直接使该国货币升值，从而导致贸易条件恶化、制造业等其他非资源型产业竞争力大幅下降（Larsen, 2006)。同时为保证本国制造业等其他非资源型产业稳定发展，政府不得不实施贸易保护主义和财政补贴，过度的产业保护政策使本该依托竞争提高技术含量的制造业更加依赖于政府保护政策，而创新作为一项风险较高的事业更需要以市场需求作为导向，过多的产业政策或产业保护属于风险规避型手段，反而会保护落后产业，浪费了本应投入创新领域的资源。一国经济支柱制造业部门和对外贸易部门萎缩，使经济活力不足，持续增长动力匮乏，发展环境僵化和经济下行都会抑制地区区域创新能力。支出效应是指国民收入会由于初级产品大量出口而有所增加，市场上国内非贸易品价格上涨，带动劳动力工资和居民消费支出上涨，制造业等非资源型产业的生产成本上升，边际利润下降，发展空间受到挤压（Corden, 1982)。综上所述，资源转移效应和支出效应使制造业生产成本上升，支出效应还降低了非资源型企业货币收入的实际购买力，相对价格效应由于本国货币升值导致制造业企业收入缩水（曾波、苏晓燕，2006)。在“荷兰病”资源转移效应、相对价格效应和支出效应综合作用下，作为创新主体的非资源型企业将逐步退出技术含量相对较高的制造业，导致一国制造业和技术密集型产业萎缩，长此以往过度依赖资源的国家或地区会出现“去工业化”现象（林毅夫，2012)。

（三）物质资本挤出效应

少部分学者认为，资源开发会为地区发展创造财富，从而为创新领域奠定充足雄厚的物质资本基础。更多学者则认为，某地区经济发展过度依赖资源会挤出当地的物质资本投资，物质资本的边际收益率下降，导致能够投入创新领域的物质资本匮乏。过度依赖资源挤出物质资本主要通过三种途径：第一，大力开发资源短期内会获得高额收益，预期到资源能够轻易带来稳定可观的收入，居民会对未来收入和财富状况产生安全感，将会大幅减少资本跨期转移，故投资需求和个人储蓄会减少。第二，通过现实世界的观察，过度依赖资源发展的国家和地区往往金融系统不发达甚至不健全，因此该地区储蓄和投资等金融业务发展受到较大制约（Gylfason and Zoega，2006）。第三，丰裕的资源会导致资源价格的上涨，增加资源型产业收益，生产要素会从制造业等产业部门向资源型产业转移。资源型产业扩张会导致制造业萎缩，使其规模收益递减，技术外溢不畅，全要素生产率下降，进一步挤出物质资本投入（Sachs and Warner，1995）。在实证研究中，跨国数据也表明过度依赖自然资源会减少储蓄和投资需求，削弱物质资本积累和创新要素储备（Papyrakis and Gerlagh，2004）。

（四）人力资本挤出效应

过度依赖资源会导致某地区减少教育投入进而抑制人力资本积累，区域创新能力受到直接冲击。由于资源型产业对高学历、高技能的劳动力需求不足，因此自然资源依赖度高的国家通常缺乏增加教育投入力度和进行人力资本积累的积极性。当一个地区的经济发展对自然资源过度依赖时，便会导致人力资本投入难以得到额外的收入补偿，最终造成高技能、高素质劳动力的流失（徐康宁、王剑，2006）。人力资本投入成本的存在会进一步强化资源型产业的发展，导致劳动力向制造业部门流动受阻，最终的结果是随着资源型产业在产业结构中占据主导地位，地区人力资本积累会被弱化，这意味着资源型产业的扩张会对人力资本产生挤出效应（张复明、景普秋，2008）。在人力资本培育和积累缺乏的情况下，自然资源富集的国家或地区中对人力

资本水平要求较高的产业就缺乏必要的高素质劳动力供给，从而制约了这些产业部门的发展。此外，由于缺乏人力资本积累，劳动力素质不高，资源依赖度高的国家和地区难以产生技术扩散效应，导致这些国家和地区经济缺乏长期持续增长的内生动力（Gylfason，2001）。部分研究为资源依赖对人力资本产生的挤出效应提供了实证依据，如 Gylfason（2001）采用政府教育方面的公共财政支出作为教育投入的衡量指标，人均受教育年限和中学入学率作为教育产出和参与程度的衡量指标，研究结果显示，自然资源富集型国家的上述指标数值均低于自然资源较为匮乏的国家。Stijns（2006）的研究结果也表明，资源富集度对人力资本积累产生了显著的负向影响。基于中国省级层面数据的实证研究结果也表明，资源依赖度的提高会削弱教育投入，对人力资本产生明显的挤出效应（马宇、杜萌，2013；史洁、李强，2020；刘海英、赵英才，2005）。

（五）外商投资挤出效应

通常来讲，在经济全球化背景下，对外开放程度对于一国或地区创新能力具有重要影响。若资源依赖度的提高降低了经济开放程度，从而会对外资、技术引进等创新要素流入产生不良影响。在国家层面上，Sachs 和 Warner（1995）的研究表明，由于自然资源的过度开采以及资源型产业的膨胀会对制造业部门发展产生冲击，因此政策制定者会倾向于通过提高关税并限制进口等强制性政策保护国内非资源型企业的利益。Papyrakis 和 Gerlagh（2004）进一步指出，提高关税以及限制进口等强制性保护政策会导致地区经济开放程度的下降，进而导致该地区与全球经济融合和技术交流进程受到限制。同时，资源富集型国家出台的保护非资源型产业（如制造业）的贸易保护政策反而导致这些非资源型产业发展更加缓慢，通过产业政策过度保护后的非资源型产业将会彻底失去创新的动力，区域创新和经济增长能力更为落后（Maloney，2002；Weinthal and Luong，2006）。此外，Leite 和 Weidmann（1999）指出地区资源型产业部门为了获取垄断利润可能会阻止旨在培育和提高市场竞争的制度环境的形成，滋生寻租和腐败，这样会提高贸易门槛，技术合作或引进会更艰难。Acemoglu 等（2002）认为贸易保持政策导致资源收入由资源型产业部门转入到被保护产业部门，由于转移过程缺乏公开透明性，容易导致公共部门和资源部门产生腐败，营商环境欠佳使企业无法专注于研发创新。

上述研究结论主要基于国家层面数据的分析，然而对于一个国家内部各地区而言，资源依赖会以不同的方式导致地区对外开放程度的下降。这是因为在省级或地级市层面上，经济对外开放度直接地反映在外商直接投资和技术引进而不是进出口贸易方面（邵帅、齐中英，2008）。资源依赖对一国内部资源型地区外商投资的挤出效应发生机制主要包括以下几个方面：第一，自然资源尤其是原煤、原油、天然气、稀有贵金属等矿产资源往往属于关系国家能源资源安全和国计民生的重要战略性资源，国家对这些战略性能源资源具有绝对控制力，这些资源型产业大部分以国有企业的形式由国家经营和管理，一方面国有资本更倾向于规避风险，对于风险较高的创新领域投入动力不足，另一方面国有企业在这些矿产资源产业中往往具有一定的垄断地位，这样无形中提高了外资进入资源能源行业的门槛，导致外商资本很难进入矿产资源的开采、生产领域，于是资源型产业占主导地位的产业结构会直接削弱外商投资进入创新型产业的吸引力。第二，资源依赖度的提高会对制造业发展产生明显的限制和挤出效应，而制造业往往是外商直接投资进入的主要部门，制造业在利用外商投资方面往往具有明显的优势，因此资源主导型的产业结构所引发的制造业部门萎缩和衰退进一步导致吸引外商投资能力的下

降。第三，煤炭等自然资源不合理、不科学的开采所造成的环境污染和生态系统破坏问题严重影响了地区投资环境的优化，从而削弱了吸引外商投资的能力。第四，煤炭资源的开采和生产容易引发寻租与腐败问题（Whiting，2006），从而对地区投资环境造成不良影响，不利于吸引外商投资进入。煤炭资源生产领域的寻租问题最突出的表现为部分地区的企业为了获取煤炭资源的开采许可权往往进行寻租活动，以入干股的形式对部分地方官员进行寻租。在以上因素的综合作用下，资源依赖度较高的地区往往缺乏吸引外商投资的能力，外商资本流入规模普遍偏小，对外开放程度低下，导致技术引进和创新资源流通存在障碍，从而对地区区域创新能力发展产生负面影响。

（六）制度弱化效应

制度弱化和创新环境欠佳的区域在鼓励寻求资源租金时会弱化创新研发的动力。受到丰裕资源低投入高回报的诱惑，人们特别是企业家更偏重向决定资源分配的权力部门合作寻租，而不是通过专心开展技术研发、产品升级或与对外合作来获取市场消费者的认可，故会削弱技术创新动力和精力。Leite 和 Weidmann（1999）指出地区资源型产业部门为了获取垄断利润可能会阻止旨在培育和提高市场竞争的制度环境的形成，导致制度环境弱化；他们认为资源丰裕度容易滋生腐败，尤其是资本密集型的资源型产业更是导致腐败的主要因素。Leonard 和 Straus（2003）针对非洲国家的研究表明，资源富集型国家的政府功能只调整了私人收益分布结构，并未能培育出有利于经济发展特别是公平竞争的制度环境，高度发达的市场和公平的制度是孕育企业创新的环境保障，制度弱化降低了市场化程度且抑制了企业创新动力。此外，政府直接获得资源收益，预算约束变得宽松，实质上形成了“政治资源诅咒”。Isham 等（2005）研究表明资源富集度会通过影响制度质量改变一国经济发展路径。过度依赖资源导致该国忽视创新这一发展驱动力，从而对该国创新能力和经济增长产生了负面影响。我国“资源诅咒”效应传导机制中的制度弱化效应主要体现在资源富集型地区对资源型产业的过度依赖阻碍了该地区的市场制度环境和市场化快速发展的进程。具体来讲，资源型产业快速扩张而影响市场化进程的机制可以概括为以下几个方面：

第一，国有企业。由于煤炭、石油、天然气以及一些稀有金属等自然资源属于关系国家能源安全和国计民生的战略性资源，因此这些资源型产业大部分以国有企业的形式存在。于是资源富集型地区资源型产业的扩张必将导致这类地区所有制结构中国有经济所占比重的上升。根据 Iimi（2007）的研究，较大规模的国有经济部门会吸收掉大部分原本稀缺的生产要素资源，同时预算软约束问题也会引致国有企业选择过度使用生产要素，于是导致市场上同类生产要素价格提高，从而提高了使用同类生产要素的私营企业的生产成本，削弱了其市场竞争力，最终的结果是私营经济发展受到限制。因此，资源型产业的扩张导致地区经济结构中国有经济所占比重较高，从而在一定程度上压缩了私营企业的发展空间，提高了私营企业的进入门槛，降低资源型地区市场化水平。此外，根据于立宏和王艳（2020）的研究，国有企业能够凭借自身独特优势在银行信贷、财政补贴、重要原材料等方面获取政府的优待，甚至能够通过游说的方式争取对自身有利的产业政策来提高竞争优势，从而导致私营企业难以发展。

第二，产业关联度。资源富集型地区通常会将资源型产业确立为当地的主导产业，并建立起一批石油化工、煤化工和矿产加工业基地，从而使资源富集型地区形成的产业分工链条具有显著的资源导向型特征。根据张复明和景普秋（2008）的研究，由于围绕资源型产业所形成的产业分工链条一般不会延伸很长，因此一旦资源型产业成为资源富集型地区的主导产业，便会在高昂沉淀成本和路径依赖的作用下形成对资源功能的锁定效应。在这种情况下，主要集中于轻工制造业领域的私营企业便难以进入这种以资源型产业所主导的产业分工链条。此外，根据 Sachs 和 Warner（1995），资源型产业的发展会导致地区非贸易品价格的上涨，进而导致物价总水平上升。生产成本的提高会进一步阻碍资源型地区私营企业的发展。

第三，地方政府行为。政府这只“有形之手”的主要功能是弥补市场这只“无形之手”的不足，以纠正市场机制在资源配置方面的失灵。但是政府“有形之手”不宜伸得过长，对市场的干预程度应当控制在合理的范围之内，否则政府对市场的过度干预将导致要素配置效率下降以及地区市场化进程迟缓，从而对地区经济发展产生不利影响。由于资源型地区经济构成中国有经济所占比重较高，并且长期服务于国家西部大开发战略等，因此政府对资源型地区经济发展具有较大的主导作用。特别是在资源需求旺盛时期，资源价格的快速提高带来的资源红利增长使地方政府能够从资源型产业中获取更多的租金，强化了地方政府干预经济的激励，损害了市场机制配置资源的正常功能，导致资源配置效率下降，从而不利于地区私营经济的发展。

第四，企业家行为。Sobel（2008）构造经济自由指数进行的实证研究表明，政府对经济活动的过度干预只会导致企业家沿着非生产性方向使用其才能的激励，与满足市场产品和服务需求相比，企业家更倾向于将更多的资源投入到寻租活动中以获取超额的利润，从而忽视了投入大、见效慢的创新研发环节。由于资源富集型地区的地方政府通常以使用较高的财政支出方式对经济发展进行干预，这在一定程度上会增加资源富集型地区企业家进行寻租活动的概率。此外更加值得关注的是，采矿许可权成为资源型地区企业家进行寻租的重要因素。特别是在中小型矿产资源开采许可授权过程中，部分私营企业家往往会将大量生产性资源用于与地方官员建立良好合作关系，以获取资源开采许可权并防止政府单方面违约行为的出现。这种情况导致交易各方对契约约束能力和法院执行能力预期降低，从而提高了交易成本，导致地区私营企业交易范围和最优成长规模受到限制，私营企业的地区竞争力便被大大削弱（张玉华、陈雷，2019）。从这个角度来讲，寻租活动所引发的制度弱化效应成为区域创新挤出效应的一个重要传导机制。

（七）传导机制

Sachs 和 Warner（2001）认为自然资源富集的地区会吸引更多的企业家和潜在创新者进入资源型产业，从事资源初级产品的生产，从而对技术创新活动和企业家行为产生一定的挤出效应。Papyrakis 和 Gerlagh（2004）指出，资源依赖度提高对技术创新活动的挤出效应最直接的体现是导致企业研发活动的减少。类似地，Mehlum 等（2006）的研究表明，自然资源短期超额利润诱使企业家进行非生产性活动，企业家为寻租活动投入了大量的资源从而对其他生产性活动和科技创新活动产生了挤出效应。万建香和梅国平（2016）指出，资源型产业本身属于缺乏技术进步的产业部门，对科技创新的需求偏低，表现为资源型企业创新机构不足、企业研发投入强度偏低。因此，随着地区产业结构中资源型产业部门主导地位的确立，会导致整个地区缺乏科技创新的动力。李刚和李鹏丽（2020）的实证研究表明，我国“资源诅咒”现象的传导机制之一是对技术进步产生抑制效应，自然资源富集型地区的科技创新能力显著低于资源相对缺乏的地区。孟望生和张扬

（2020）的实证研究也表明自然资源的开发对科技创新具有显著的挤出效应。

资源型产业扩张阻碍科技创新水平提高的机制主要包括以下几个方面：第一，与其他产业相比资源型产业本身对技术水平要求不高，属于技术进步率偏低的产业部门，对技术创新的需求能力偏弱，在短期利益驱使下资源型企业进行科技创新的积极性不高，研发投入水平偏低。于是资源依赖度较高的地区在资源型产业快速扩张的过程中会缺乏积极性，从而影响了地区的技术进步和技术扩散。此外，科技创新能力的不足会进一步制约技术要求较高的产业部门发展，在这种情况下，资源型产业的扩张便会对地区技术创新产生挤出效应。第二，资源开采短期收益以及在路径依赖作用下形成的资源功能锁定效应会诱使潜在的创新者进入资源开采和资源初级产品生产领域，这样会使潜在的技术创新活动难以实现，进一步削弱了地区科技创新的潜在能力。第三，资源型产业的扩张对技术创新和人力资本投资的挤出效应会相互加强，形成一个恶性循环机制。这是因为资源依赖所导致的人力资本投资减少会导致技术创新能力下降，缺乏人力资本投资支持的企业家活动实则为企业所使用的旧生产技术提供了保护，导致旧生产技术的影响扩大，从而抑制了技术创新（Maloney，2002）。第四，资源型产业的扩张会对制造业部门产生一定的挤出效应，而制造业部门通常能够持续进行技术创新和产品更新并推动产业结构升级，具有较强的产业带动力和技术外溢效应。因此，资源型产业扩张在对技术含量较高的制造业部门产生挤出效应的同时也对科技创新水平产生了负面影响。

梳理文献综述及前文得出的结论，提出假设 H3：资源依赖程度会通过教育水平（人力资本水平）、投资（物质资本投入）、对外开放水平、制造业发展水平、市场化程度作为中介传导挤出创新能力，如图 5-1 所示。

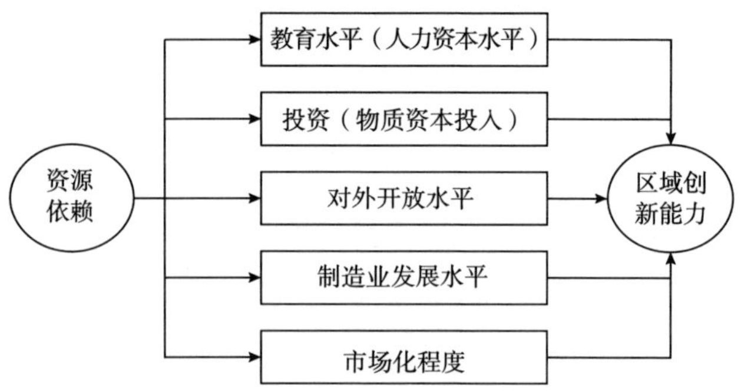

图 5-1　资源依赖对区域创新能力挤出效应的传导机制假设

二、传导机制的实证检验

对于不同的地区而言，资源依赖对区域创新挤出效应的传导机制的适用性和解释力也理应有所不同，在提出具体破解路径之前，需要根据不同地区的具体情况加以区别对待。因此，在对挤出效应传导机制进行理论分析的基础上，需要进一步对理论分析得出的各类传导机制进行系统的实证检验，从而确定我国资源依赖对区域创新挤出效应的具体传导途径有哪些，为进一步采取有针对性的政策措施来削弱挤出效应及其传导途径提供实证依据。

（一）模型

已有关于资源挤出技术创新传导机制的实证研究大多使用静态的一元回归模型进行回归，以此检验资源依赖度或资源丰裕度对各传导机制变量的影响情况。使用静态一元回归模型进行挤出效应传导机制实证研究存在着一定的缺陷：一方面，由于经济变量通常具有较为明显的滞后效应（韩军辉、柳典宏，2017），以往研究常常忽视了这一点，因此有必要对经济变量的滞后效应加以控制；另一方面，简单的一元回归模型忽略了与传导机制变量密切相关的其他因素，因此需要对这些因素加以控制以增强估计结果的稳健性（韩洪云、张志坚，2015）。基于此，为了增强我国资源对区域创新挤出效应潜在传导机制和途径的实证检验效果，本书对杜心灵（2018）、郑周胜和朱万里（2019）、关明文等（2020）所采用的回归模型进行一定的改进，将各传导因素变量的滞后项引入回归模型，同时针对不同的传导因素变量选取不同的控制变量，以增强估计结果的稳健性。本书构建如下形式的动态面板基本模型，对各传导因素变量与资源依赖度之间的关系进行回归分析：

$$z_{it}=c+\varphi_1 z_{i,t-1}+\varphi_2 rd_{it}+\varphi_3 k_{it}+\nu_{it} \tag{5-1}$$

回归方程式（5-1）中的被解释变量 z_{it} 为各传导因素变量组成的向量集，包含人力资本水平（hc_{it}）、物质资本投入（mc_{it}）、对外开放水平（od_{it}）、制造业水平（ml_{it}）、市场化程度（md_{it}）变量。c 为常数项，φ_1、φ_2、φ_3 为带估计参数，υ_{it} 为随机干扰项。$z_{i,t-1}$ 为被解释变量的滞后项，rd_{it} 为资源依赖度，k_{it} 为控制变量所组成的向量集。根据被解释变量的不同，本书选取不同的控制变量进行回归分析。这样本书得到了以下几个具体待估计的动态面板回归模型：

$$hc_{it}=c_1+\varphi_1 hc_{i,t-1}+\varphi_2 rd_{it}+\varphi_3 edu_{it}+\nu_{it} \tag{5-2}$$

$$mc_{it}=c_2+\delta_1 mc_{i,t-1}+\delta_2 rd_{it}+\delta_3 sp_{it}+\nu_{it} \tag{5-3}$$

$$od_{it}=c_3+\lambda_1 od_{i,t-1}+\lambda_2 rd_{it}+\lambda_3 ins_{it}+\nu_{it} \tag{5-4}$$

$$ml_{it}=c_4+\eta_1 ml_{i,t-1}+\eta_2 rd_{it}+\eta_3 lc_{it}+\nu_{it} \tag{5-5}$$

$$md_{it}=c_5+\theta_1 md_{i,t-1}+\theta_2 rd_{it}+\theta_3 ef_{it}+\nu_{it} \tag{5-6}$$

回归方程式（5-2）至式（5-6）检验区域创新能力挤出效应的不同传导机制。式（5-2）和式（5-3）分别对应的挤出投资中的人力资本积累、物质资本投资，式（5-5）主要检验“荷兰病”效应对应的制造业发展。式（5-4）和式（5-6）主要检验制度弱化对应的潜在传导因素为对外开放水平和市场化程度。以上回归方程中，edu、sp、ins、lc、ef分别为式（5-2）至式（5-6）中的控制变量。接下来对不同回归方程中的变量选取和构建进行具体说明。

（二）变量

1. 核心解释变量

本书使用资源依赖度（rd）作为回归模型的核心解释变量。要确保实证结果具有说服力就必须选取合适的度量指标，因此本书使用上文测算得出的“资源诅咒”指数，即各省份一次能源产量在全国的比重与各省份第二产业增加值占全国比重的比值，来表示本书中各地区的资源依赖程度。

2. 被解释变量

区域创新能力指数（y）：使用《中国区域创新能力评价报告》中各省份区域创新能力指数，全面体现一个地区综合创新水平，而非仅仅技术创新。

在核心回归模型中：

人力资本水平（hc）：选取各省份普通高等学校在校学生人数与当地人口数之比来衡量人力资本水平。

物质资本投入（mc）：选取国内生产总值中全社会固定资产投资所占比重来评估物质资本投入水平。

对外开放水平（od）：根据数据的可得性，采用FDI即外商直接投资额占当地GDP的比重来衡量对外开放水平。

制造业水平（ml）：选取制造业固定资产投资占全社会固定资产投资之比来衡量制造业发展水平。

市场化程度（md）：选取各地区从业总人口中个体单位和城镇私营从业人员数占比来衡量市场化程度。

3. 控制变量

教育投入水平（edu）：政府对教育领域的投入力度对人力资本水平具有重要影响。一个地区教育投入力度越大，该地区公众受教育水平往往越高，越有利于地区人力资本积累和人力资本水平提升，因此本书选取人均教育事业费用衡量各省份的教育投入水平。

居民储蓄水平（sp）：一般来讲，固定资产投资的主要来源之一是居民储蓄，其与投资水平之间往往具有明显的正相关关系。通常的情况是，居民储蓄水平的提高能够增加信贷资金供给能力，从而为提高固定资产投资水平提供了条件。因此，居民储蓄水平和能力在一定程度上会对地区固定资产投资水平和经济增长潜力产生影响。根据数据可得性，本书选取人均城乡居民储蓄年末余额衡量各地居民储蓄水平。

基础设施水平（ins）：一般来讲，完善的基础设施条件、发达的交通运输和通信系统网络为商品流通与信息交流提供了良好的外部条件，有助于降低生产、运输成本和交易成本，提高生产效率。因此，完善的基础设施条件成为吸引外商投资的重要因素（郑彩玲、张继彤，2021）。受数据可得性限制，本书使用人均公路运输线路长度来间接反映各省份的基础设施水平。

劳动力成本（lc）：劳动力作为基本生产要素之一，其价格或者说工资水平直接影响生产成本并进而影响产业的利润和发展。具体到制造业，虽然对制造业发展水平产生影响的因素有很多种，但根据“荷兰病”效应理论，“资源诅咒”中的“荷兰病”效应传导机制是资源产业的过度发展吸纳了大量劳动力等生产要素流入资源型产业，资源产业对劳动力等生产要素的需求增加导致这些生产要素价格提升和成本增加，从而对制造业的利润空间和竞争力造成冲击，影响了制造业的健康发展。资源繁荣时期导致资源产业对劳动力需求增加，劳动力边际产值提高，在这种情况下，资源产业会通过给予劳动力更高的工资水平以此吸引其由制造业向资源产业转移，这样会引致经济中劳动力成本上升，从而使制造业需提供更高的工资水平以吸引劳动力回流，最终对制造业发展造成不利影响（程都，2019）。因此，本书使用在岗职工平均工资水平对各地劳动力成本进行衡量。

政府干预度（ef）：一般来讲，市场化水平较高的经济体制有助于促进私营经济发展，有助于激发私营经济的活力和创造力。然而政府对经济活动的过度干预则不利于市场机制功能的正常发挥，容易导致要素价格扭曲，不利于市场化水平的提高。本书使用扣除科教支出的财政支出占地区生产总值的比重对政府干预度进行衡量。

（三）数据与估计方法

研究样本考察期为2001~2018年，样本截面使用全国30个省份（不含西藏、香港、澳门、台湾地区的数据）。相关数据主要来源于《中国统计年鉴》《中国能源统计年鉴》《中国区域创新能力评价报告》(2001~2018年)。

由于上述各回归方程中的解释变量包含了被解释变量的滞后项，为了在一定程度上缓解内生性问题，因此本部分依然使用系统GMM估计法对各回归方程进行参数估计。

（四）结果分析

基于2001~2018年省级层面数据，使用系统GMM估计法对回归模型式（5-2）至式（5-6）进行估计，挤出效应传导机制的实证分析结果如表5-1所示。

表 5-1　挤出效应传导机制的实证分析结果

模型式（5-2）		模型式（5-3）		模型式（5-4）		模型式（5-5）		模型式（5-6）	
解释变量	被解释变量（hc）	解释变量	被解释变量（mc）	解释变量	被解释变量（od）	解释变量	被解释变量（ml）	解释变量	被解释变量（md）
rd	-0.0079** （0.0063）	rd	0.1259* （0.0872）	rd	-0.2238** （0.1131）	rd	-0.1915** （0.0908）	rd	-0.0815* （0.0498）
hc_{t-1}	0.1152* （0.0827）	mc_{t-1}	0.4739*** （0.1726）	od_{t-1}	0.8562** （0.4677）	ml_{t-1}	0.6905*** （0.3282）	md_{t-1}	0.8509*** （0.2966）
edu	0.4089* （0.1508）	sp	1.9179** （0.8548）	ins	0.0429* （0.0208）	lc	-0.1612* （0.0871）	ef	-0.0409** （0.0264）
c_1	10.3702** （4.2951）	c_2	19.6328*** （2.9114）	c_3	9.6108** （3.3437）	c_4	-16.6782*** （3.1258）	c_5	-11.4012* （6.4598）
R^2	0.9899	R^2	0.8989	R^2	0.9291	R^2	0.8902	R^2	0.9976
AR（1）-P 值	0.000	AR（1）-P 值	0.005	AR（1）-P 值	0.008	AR（1）-P 值	0.003	AR（1）-P 值	0.009
AR（2）-P 值	0.293	AR（2）-P 值	0.613	AR（2）-P 值	0.491	AR（2）-P 值	0.145	AR（2）-P 值	0.308
Hansen test-P 值	0.607	Hansen test-P 值	0.857	Hansen test-P 值	0.689	Hansen test-P 值	0.796	Hansen test-P 值	0.791

注：数据使用 STATA11.0 软件估计整理。①表中所列数值为各解释变量系数的估计结果，括号内数值为相应的标准误。②***、**、*分别表示变量在 1%、5%、10%的水平下显著。

由表 5-1 中各模型系统 GMM 的估计结果可以看出，AR（1）和 AR（2）分别对应的 P 值表明各模型的随机误差项的差分存在一阶自相关，但不存在二阶自相关。在过度识别约束检验方面，Hansen 检验的 P 值显示模型所选取的工具变量是有效的。接下来对各模型的具体回归结果展开分析。

模型式（5-2）中资源依赖度变量的估计系数为负且在 5%的显著性水平上显著。由于资源型产业对高学历、高技能的劳动力需求不足，因此自然资源依赖度高的地区通常缺乏加大教育投入力度和进行人力资本积累的积极性，核心要素人力资本的匮乏会抑制区域创新能力的提升。在人力资本培育和积累缺乏的情况下，自然资源富集地区中对人力资本水平要求较高的创新型产业缺乏必要的高素质劳动力供给，从而制约了这些产业部门创新能力的提升。此外，由于缺乏人力资本积累、劳动力素质不高、资源依赖度高的国家和地区难以产生技术扩散效应，导致这些国家和地区缺乏提升区域创新能力的内生动力（赵辉，2015）。在控制变量方面，前期的人力资本积累有助于提高当期人力资本水平。政府加大教育投入力度、增加人均教育事业费用有助于提高地区人力资本水平。

模型式（5-3）中资源依赖度变量系数的估计结果为正且在 10%的显著性水平下显著，表明资源依赖度与物质资本投资之间具有较为明显的正相关关系，即资源型产业的发展对物质资本投资产生了正向促进作用，而物质资本投资的充裕会间接有利于创新产业的发展。这与 Papyrakis 和 Gerlagh（2004）、Gylfason 和 Zoega（2006）基于跨国数据的实证研究结果不同，他们的研究表明对自然资源的过度依赖会导致储蓄和投资需求下降。本书的实证结果与邵帅和齐中英（2008）、邵帅等（2013）基于我国地区层面数据的研究结论一致，即自然资源开发或对资源型产业的依赖能够促进物质资本投资增加。之所以出现这种情况，可能的原因有：一方面，国内投资资金来源主

要是银行信贷资本和政府财政转移支付，出于缩小地区发展差距和服务西部大开发战略安排，政府会通过财政转移支付和银行信贷资金配给给予自然资源富集的欠发达地区一定的政策倾斜和扶持，从而使资源型地区出现资源依赖度高同时物质资本投资增加的情况。另一方面，对自然资源的依赖主要表现为对煤炭、天然气等资源开采和加工行业的依赖，这类产业部门往往具有资金需求大、投资周期长等特点，因此资源型产业的发展在一定程度上能够带动物质资本投资的增加，进而能够有充足稳定的资本投入到创新领域。在控制变量方面，前期的物质资本投资对当期物质资本投资具有正向影响，即物质资本投资表现出一定程度的惯性。居民储蓄水平的提高有助于促进物质资本投资水平的上升。

模型式（5-4）中资源依赖度变量的估计系数为负且在5%的水平下显著，表明资源依赖度与对外开放水平之间存在明显的负相关性，即资源依赖度的增强不利于资源密集地区提高对外开放水平、减少技术引进和合作、提升抑制区域创新能力。这一结果与陈启斐（2014）、李威等（2019）、郭京京等（2020）的实证研究相符。对资源型产业的过度依赖不利于地区对外开放程度的提高，尤其是不利于其吸引外商投资，其中可能的原因有：资源富集型地区往往以资源型产业为主导，产业结构较为单一，技术进步缓慢，人力资本积累不足。资源型产业占用了大量的生产要素资源，并且煤炭、石油、天然气等属于关系国家能源安全和国计民生的战略性资源，这些资源产业的外资进入门槛通常较高。此外，自然资源不合理、不科学的开采还带来了一系列突出的生态环境问题，这些因素的叠加削弱了资源富集型地区吸引外商投资的能力，不利于提高外商投资水平，进而削弱对外开放水平，减少与外资相伴的技术引进或合作（刘斌等，2021）。在控制变量方面，对外开放度的提高具有一定的惯性。基础设施条件的完善能够在一定程度上吸引外商直接投资，有助于提高对外开放程度。

模型式（5-5）中资源依赖度变量的估计系数为负且在5%的水平下显著，表明资源依赖度与制造业发展之间存在负相关关系，即资源依赖度的增强对制造业发展产生了不利影响，资源型产业的过度扩张对资源型地区制造业产生了一定的挤出效应，进而损害了该地区实体经济的创新动力和能力。这一结果与目前研究“资源诅咒”传导机制的文献（Sachs and Warner，1995；徐康宁、王剑，2006；邵帅、齐中英，2008；邵帅、杨莉莉，2010；张薇薇，2015；洪开荣、侯冠华，2017）所得出的结果一致。对自然资源的过度依赖会通过引发“荷兰病”效应，从而对制造业部门的发展造成冲击，资源型产业会对生产要素产生特殊的吸纳效应，引发生产要素向资源产业部门流动，导致制造业发展条件恶化。由于制造业通常能够持续进行技术创新和产品更新并推动产业结构升级，是具有较强产业带动力和技术外溢效应的产业部门，因此资源型产业扩张通过对制造业部门产生挤出效应从而不利于区域创新能力增长并削弱区域经济发展潜力。在控制变量方面，前期制造业发展水平的提高有助于促进当期制造业继续发展。劳动力成本的上升则对制造业发展产生了显著的负面影响。

模型式（5-6）中资源依赖度变量的估计系数在10%的水平下显著为负，表明资源依赖度与市场化程度之间存在负相关关系，即资源依赖度的增强不利于市场化水平的提高，制度弱化会削弱技术创新动力和精力。反映市场化水平的一项重要指标是私营经济在经济活动中的参与度，与国有企业相比，私营企业往往具有更高的生产效率、更敏锐的创新意识、更强劲的创新能力。因此，在我国市场化改革的推动下，私营经济的快速发展无疑会提高整个区域的创新能力，进而对长期的经济增长产生显著促进作用。资源型产业的扩张不利于市场化进程的推进和市场化水平的提高，地区产业结构中资源型产

业的过度集中会在一定程度上造成私营企业发展环境恶化，其发展空间受到压缩，从而对私营企业发展产生抑制效应，导致整个地区市场化进程延缓（郭根龙、杨静，2017），最终导致作为创新主体的企业特别是私营企业发展缓慢进而阻碍区域创新能力提升（徐浩、张美莎，2019）。因此，在我国市场化改革的推动下，私营经济的快速发展无疑会提高整个经济的生产效率，进而对区域创新能力增长产生显著的促进作用。在控制变量方面，市场化进程的推进表现出一定的连续性。政府干预变量与市场化水平之间表现出显著的负相关性，表明政府干预程度的提高不利于市场化水平的提升。

综上所述，依赖资源型产业对地区提升创新能力、积累物质资本产生了一定程度的促进作用，但对人力资本积累、对外开放水平、制造业发展、市场化程度均产生了不同程度的不利影响。由于人力资本水平、对外开放水平、制造业发展水平、市场化程度提高均对区域创新能力增长具有明显的正向促进作用，因此资源依赖通过影响人力资本水平、对外开放水平、制造业发展水平以及市场化程度对经济增长产生了间接的负面影响。由此可见，资源依赖所引发的区域创新能力挤出效应的具体传导机制包括教育水平（人力资本水平）、对外开放水平、制造业发展水平和市场化程度四个主要因素（见图 5-2），

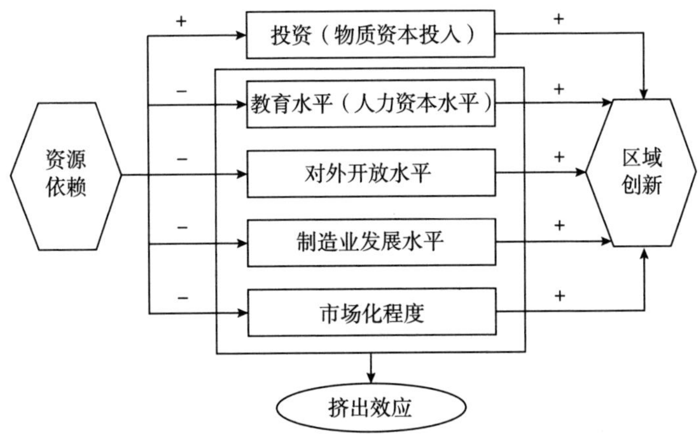

图 5-2　资源依赖对区域创新能力挤出效应的传导机制假设

故假设 H3 得到验证。下面将围绕资源依赖对上述主要传导因素的影响机理进行逐一剖析。

三、效应具体传导机制剖析

（一）传导机制一：阻碍创新人力资本积累

彭佑元等（2016）认为自然资源富集的地区会吸引更多的企业家和潜在创新者进入资源型产业从事资源初级产品的生产，从而对从事技术创新活动的研发人员和企业家产生一定的挤出效应。孙华平和李奇（2021）指出资源型产业本身属于缺乏技术进步的产业部门，对科技创新的需求偏低，表现为资源型企业创新机构不足、企业研发投入强度偏低。因此，随着地区产业结构中资源型产业部门主导地位的确立，会吸引更多资源投入技术密集程度较低的初级部门；反之，对于公共事业特别是研发环节和教育领域的投资会相对减少，会导致整个地区缺乏进行科技创新活动的人力资本积累。马宇和杜萌（2013）的实证研究表明自然资源富集型地区的科技创新能力显著低于资源相对缺乏的地区，其中最突出的特征是投入教育经费占地区生产总值比重会随着资源依赖程度的加深而减少。王嘉懿和崔娜娜（2018）的实证研究也表明自然资源的开发对科技创新具有显著的挤出效应，研发经费占地区生产总值比重会随着资源依赖程度的加深而减少。根据模型式（5-2）的估计结果，资源依赖度与人力资本水平之间存在显著的负相关关系，表明资源依赖度的提高以及资源型产业的快速扩张阻碍了资源密集地区人力资本水平的提

高，而人力资本积累是区域创新能力提升的正相关影响因素，即资源依赖对区域创新挤出效应的一个重要传导机制便是较高的资源依赖度对人力资本产生了抑制作用，从而对其区域创新能力提升产生了负面影响。

资源密集地区的资源型产业扩张阻碍人力资本水平提高的机制主要包括以下几个方面：①与其他产业相比资源型产业本身对技术水平要求不高，属于技术进步率偏低的产业部门，对技术创新的需求能力偏弱，在短期利益驱使下资源型企业进行科技创新的积极性不高，研发投入水平偏低，对研发人员的激励和培养缺乏吸引力，因此从事研发的人力资本缺乏技术创新的积极性，长此以往后会影响部门、产业甚至整个区域的技术进步和技术扩散。此外，创新人力资本的不足会进一步制约技术要求较高的产业部门发展，在这种情况下，资源型产业的扩张便会对创新研发人力资本产生挤出效应。②资源开采短期收益以及在路径依赖作用下形成的资源功能锁定效应会诱使潜在的创新者或现有的研发人员进入资源开采和资源初级产品生产领域，这样会使潜在的技术创新活动难以实现，而创新人力资本流失会进一步削弱区域创新的潜在能力。③资源型产业的扩张会对制造业部门产生一定的挤出效应，而制造业部门在劳动力和人力资本积累上起着至关重要的作用，若制造业整体发展滞后、产业结构升级缓慢、技术创新和产品更新停滞、外溢效应不佳，会严重影响该地区经济发展水平、劳动力就业情况以及创新人力资本积累。④通过以上途径，依赖资源的粗放型增长会制约资源密集地区经济发展，对于财政收入产生负面影响，同时财政支出也会更倾向于资源型产业，投入研发和投入教育的经费相对减少，不利于人力资本的积累。表5-2为2018年各地区一般公共预算教育经费增长情况，可以看出区域间差异还是很大。从各地一般公共预算教育经费增长情况来看，有七个省份较上一年度增幅超过10%。其中，新疆增长13.02%居首位；海南增长12.80%；河南增长

12.46%；江西、广东、浙江、重庆增长也都超过10%。增长相对缓慢的地区集中在东北地区，辽宁、吉林增幅均不足1%，黑龙江甚至出现负增长，增幅为-1.23%。从地域上看，教育经费投入基本与资源依赖程度和挤出效应强度成反比，即越是依赖资源的地区，教育经费投入占比越少，区域创新能力挤出效应越强。

表 5-2 2018 年各地区一般公共预算教育经费增长情况

地区	一般公共预算教育经费（亿元）	一般公共预算教育经费占一般公共预算支出比例（%）	一般公共预算教育经费本年比上年增长（%）	财政经常性收入本年比上年增长（%）	一般公共预算教育经费与财政经常性收入增长幅度比较（百分点）
北京	1020.72	13.66	6.80	6.72	0.08
天津	448.04	14.44	3.09	-0.20	3.29
河北	1354.50	17.53	8.65	8.42	0.23
山西	668.96	15.62	8.23	15.21	-6.98
内蒙古	566.65	11.73	3.83	8.81	-4.98
辽宁	653.70	12.25	0.97	-0.23	1.20
吉林	508.60	13.42	0.95	4.66	-3.71
黑龙江	587.72	12.57	-1.23	3.15	-4.38
上海	889.96	10.66	6.50	7.01	-0.51
江苏	2040.47	17.50	3.09	7.30	-4.21
浙江	1567.41	18.16	10.92	12.37	-1.45
安徽	1111.49	16.91	9.77	5.99	3.78
福建	923.84	19.12	8.63	5.21	3.42
江西	1048.51	18.50	11.61	7.79	3.82
山东	2001.21	19.81	5.95	4.40	1.55
河南	1621.02	17.59	12.46	10.76	1.70
湖北	1050.96	14.48	1.34	6.12	-4.78
湖南	1177.77	15.75	5.17	6.02	-0.85
广东	2805.31	17.83	11.21	8.57	2.64
广西	927.82	17.47	1.74	0.98	0.76

续表

地区	一般公共预算教育经费（亿元）	一般公共预算教育经费占一般公共预算支出比例（%）	一般公共预算教育经费本年比上年增长（%）	财政经常性收入本年比上年增长（%）	一般公共预算教育经费与财政经常性收入增长幅度比较（百分点）
海南	248.98	14.72	12.80	15.09	-2.29
重庆	678.83	14.95	10.46	-0.33	10.79
四川	1470.00	15.14	5.21	5.04	0.17
贵州	983.86	19.56	8.51	8.38	0.13
云南	1069.49	17.60	8.17	4.09	4.08
西藏	229.02	11.62	5.85	20.69	-14.84
陕西	855.68	16.14	5.11	14.51	-9.40
甘肃	592.96	15.72	4.51	10.65	-6.14
青海	198.94	12.08	6.60	2.25	4.35
宁夏	167.97	11.84	0.70	4.39	-3.69
新疆	815.64	16.27	13.02	13.94	-0.92

资料来源：《教育部国家统计局 财政部关于2018年全国教育经费执行情况统计公告》。

（二）传导机制二：降低对外开放程度

通常来讲，在经济全球化背景下，外商投资水平伴随着人才和技术引进、创新资源流动，对于一国或地区经济发展和区域创新能力提升具有至关重要的影响。自改革开放以来我国经济的快速发展和创新事业的腾飞在很大程度上得益于对外开放政策的实施和外商投资的大量流入以及技术引进。然而，大部分文献研究认为，资源富集型国家和地区对资源型产业依赖度的增强不利于其对外开放水平的提高（蒋伟、赖明勇，2009）。我国省级数据的实证研究结果也表明，资源依赖度与地区对外开放程度之间存在明显的负相关关系。资源型产业扩张对外商投资产生了挤出效应，降低了对外开放程度，而区域开放程度通过技术引进和技术合作等创新要素流通直接影响着区域创新能力。因此，过度依赖自然资源导致的对外开放程度下降进而对区域创新能力产生负面影响，这成为资源依赖对区域创新挤出效应的一个传导机制。

资源密集地区资源型产业的过度扩张对对外开放程度的影响途径主要体现在引进外资和技术的吸引力弱化，具体表现如下：

（1）自然资源尤其是原煤、原油、天然气、稀有贵金属等矿产资源往往属于关系国家能源资源安全和国计民生的重要战略性资源，国家对这些战略性能源资源具有绝对控制力，这些资源型产业大部分以国有企业的形式由国家经营和管理，国有企业在这些矿产资源产业中往往具有一定的垄断地位，这样无形中提高了外资进入资源能源行业的门槛，导致外商资本很难进入矿产资源的开采、生产领域。同时涉及国家能源安全的技术在引进时存在较多障碍，技术输出国不愿技术外流，技术引进国由于垄断性缺乏技术创新的动力，于是资源型产业占主导地位的产业结构就削弱了外商投资和技术引进的吸引力和动力（曹永利、刘畅，2018）。

（2）根据前文实证结果，资源依赖度的提高将对资源密集地区的制造业发展产生明显的限制和挤出效应，而制造业往往是外商直接投资和技术引进的主要部门，特别是制造业往往在利用外商投资方面具有明显的优势。例如，我国东部沿海省份如浙江、江苏、广东等省份通过制造业发展和外向型经济相结合的方式极大地提高了当地经济发展水平和区域创新能力。因此，资源主导型的产业结构所引发的制造业部门萎缩和衰退进一步导致资源密集地区吸引外商投资和技术引进的能力下降。

（3）煤炭等自然资源不合理、不科学的开采所造成的环境污染和生态系统破坏问题严重影响了资源密集地区发展环境和投资环境的优化，从而削弱了吸引外商投资、技术引进和要素流通的能力。尤其是在煤炭市场行情繁荣

的年份，煤炭价格的上涨大大提高了煤炭资源密集地区加大煤炭资源开采力度的激励，各地纷纷开展大量高耗能、高污染、高排放的煤化工项目，如在高额利润的驱动下，2006~2009 年在煤炭资源丰富的内蒙古鄂尔多斯，煤化工产业呈现出“井喷”的态势，仅 2015 年一年鄂尔多斯市实施了 21 项亿元以上的重点煤化工项目（李凯杰、曲如晓，2012）。由于生态环境因素以及绿色生产、绿色供应链等对外商投资决策往往具有重要影响，在环境因素对投资环境日趋重要的情况下，煤炭等资源的过度开采所带来的生态环境恶化显然不利于外商投资水平的提高。

（4）煤炭资源的开采和生产容易引发寻租和腐败问题，从而对资源密集地区营商环境造成不良影响，不利于吸引外商投资和创新要素流入。煤炭资源生产领域的寻租问题最突出的表现是部分企业为了获取煤炭资源的开采许可权进行寻租活动，以入干股的形式对部分地方官员进行寻租。综上所述，资源依赖度较高地区呈现出外商投资吸引力不足、创新要素流入规模不高、对外开放程度偏低的情况，从而对其长期经济发展和区域创新能力提升产生了不利影响。从 2019 年各省（直辖市、自治区）进出口总额排名以及 2019 年各省（直辖市、自治区）出口占 GDP 比重可以明显看出，资源密集地区进出口规模和增长幅度普遍都偏低，且与区域创新挤出效应排名大致吻合，再次表明了对自然资源的依赖以及资源型产业部门的扩张不利于资源密集地区对外开放水平的提高，进而导致其区域创新能力受到制约（见表 5-3 和图 5-3）。

表 5-3 2019 年各省（直辖市、自治区）进出口总额排名

排名	地区	进出口总额（亿元）	增速（%）	GDP 排名
1	广东	71436.8	-0.2	1
2	江苏	43379.7	-1.0	2
3	上海	34046.8	0.1	10

续表

排名	地区	进出口总额（亿元）	增速（%）	GDP 排名
4	浙江	30832.0	8.1	4
5	北京	28663.5	5.4	12
6	山东	20420.9	5.8	3
7	福建	13306.7	7.8	8
8	天津	7376.0	-9.1	23
9	辽宁	7255.1	-4.0	15
10	四川	6765.9	13.8	6
11	重庆	5792.8	11.0	17
12	河南	5711.6	3.6	5
13	安徽	4740.9	9.4	11
14	广西	4694.7	14.4	19
15	湖南	4342.2	41.2	9
16	河北	4001.6	12.6	13
17	湖北	3943.6	13.1	7
18	陕西	3515.8	0.1	14
19	江西	3511.9	11.1	16
20	云南	2323.7	17.9	18
21	黑龙江	1865.9	6.7	24
22	新疆	1640.9	23.8	25
23	山西	1446.9	5.7	21
24	吉林	1302.2	-4.5	26
25	内蒙古	1095.7	5.9	20
26	海南	905.9	6.8	28
27	贵州	453.6	-9.5	22
28	甘肃	379.9	-3.8	27
29	宁夏	240.6	-3.4	29
30	西藏	44.3	-7.8	31
31	青海	37.3	-22.7	30

资料来源：根据商务部相关统计数据整理。

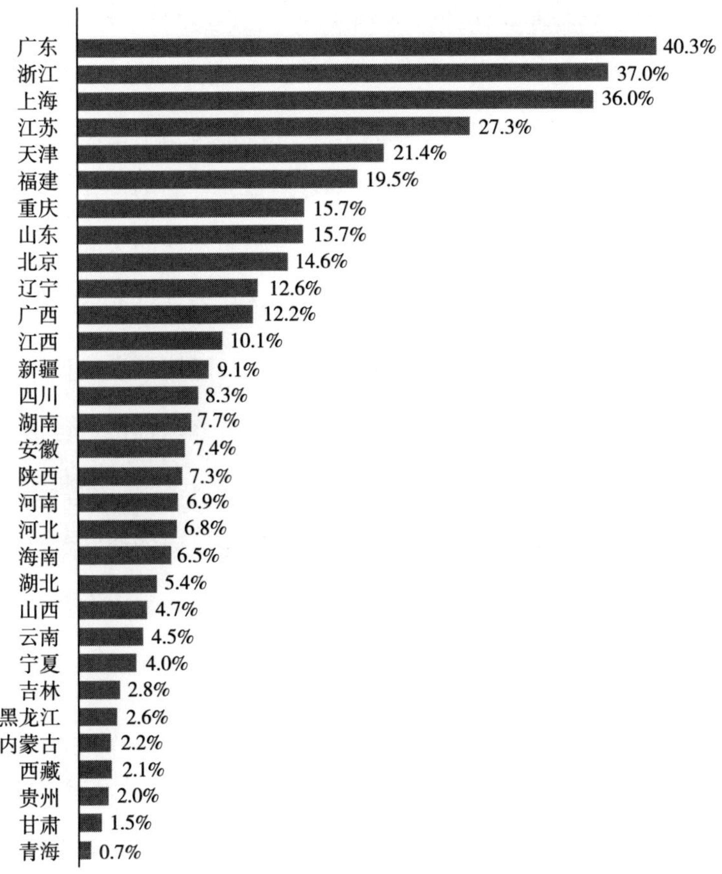

图 5-3　2019 年各省（直辖市、自治区）出口占 GDP 比重

资料来源：根据商务部相关统计数据整理。

（三）传导机制三：限制制造业发展

资源依赖影响区域创新的一个重要传导机制是经济发展对资源型产业的依赖拖累了制造业的发展步伐，导致创新最为活跃的领域制造业发展缓慢，甚至出现萎缩，这是“荷兰病”效应的典型特征。例如，20 世纪 50 年代的荷兰在发现丰富的石油和天然气储量后便开始大力发展石油和天然气等资源型产业，从而对荷兰其他工业部门发展造成了严重的负面冲击，最终导致荷兰制成品国际竞争力衰弱和出口下降，继续追踪发现荷兰在15年间创新实力由欧洲前列迅速下滑，专利申请、研发投入规模都开始下滑。在资源红利的诱导下，自然资源富集的地区通常会优先考虑发展资源型产业，于是各类生产要素资源便不断进入并汇聚于资源型产业，资源型产业不断发展壮大，从而导致当地经济发展形成对资源型产业高度依赖的惯性。在这一惯性的驱使下，各种生产要素资源继续不断流向资源型产业，可用于发展技术含量相对较高的制造业和其他与创新有关产业的要素资源被逐渐抽出，包括制造业在内的其他工业部门的发展空间被不断压缩，在这种情况下，一些有潜力的新兴产业难以正常发展。因此，对资源的过度依赖往往使资源富集型地区以资源型产业为主，产业结构较为单一，生产要素资源主要集中在资源型产业部门，从而制约了资源富集型地区的产业结构优化升级、区域创新能力提升以及经济持续健康发展。

根据模型式（5-5）的估计结果可知，资源依赖度的估计系数为负，并且在5%的水平下显著，表明资源依赖度与制造业发展水平之间存在着显著的负向关系，即对资源型产业的依赖不利于制造业发展水平的提升。在煤炭等自然资源富裕的条件下，自然资源富集的地区大力发展资源型产业会对其制造业产生一定的冲击，甚至会对制造业产生挤出效应。这是因为资源型产业的过度发展会占用大量的生产要素，在生产要素资源有限的情况下，势必会挤占本应用于制造业发展的生产要素投入，从而导致制造业发展缓慢，甚至出现萎缩。以资源密集挤出创新的典型地区内蒙古为例，“一煤独大”的能源生产结构使内蒙古产业结构出现失调，在“十一五”期间表现最为明显。如表5-4所示，内蒙古轻工业产值在工业总产值中所占份额由“六五”时期的平均42.41%下降为“十一五”时期的平均28.99%，同时重工业产值占工业总产值的份额由“六五”时期的平均57.59%上升为“十一五”时期的平均71.01%，“十二五”时期开始内蒙古进行产业结构调整但效果不佳，仍然是能源经济占比较重。通过研究内蒙古重工业内部构成发现，采掘工业和原料工业与制造工业的产值比重在2001年分别为85.09%和14.91%，顶峰为2015年，分别达到89.23%和10.77%，2020年分别为79.65%和20.35%。采掘工业和原料工业产值在内蒙古重工业中的比重占据绝对份额，远远高于制造工业产值所占份额，并且采掘工业和原料工业产值的占比表现出高居不下，与此同时由于产业链条短、层次低导致制造工业产值占比出现下降趋势。

表5-4 内蒙古轻工业与重工业比例

时期	工业内部结构（%）	
	轻工业	重工业
“六五”时期	42.41	57.59
“七五”时期	42.65	57.35
“八五”时期	33.83	66.17
“九五”时期	38.70	61.30
“十五”时期	36.21	63.79
“十一五”时期	28.99	71.01
“十二五”时期	29.45	70.55
“十三五”时期	36.79	63.21

资料来源：历年《内蒙古统计年鉴》。

以上数据揭示出，资源富集的内蒙古在资源依赖型经济发展模式的主导下所产生的创新能力挤出现象会通过“荷兰病”效应这一传导机制损害制造业发展的空间和条件，对制造业的健康发展造成不利影响。由于制造业通常能够持续进行技术创新和产品更新并推动产业结构升级，具有较强产业带动力和技术外溢效应，是地区实现区域创新能力提升的重要动力之一，因此资源型产业扩张通过对制造业部门产生挤出效应从而不利于内蒙古创新发展和经济的可持续性。基于此典型案例，未来资源密集地区应摆脱对资源型产业的过度依赖，将推动产业结构优化升级作为结构调整的着力点，将创新作为高质量发展的第一驱动力，适当给予作为区域创新能力提升和长期经济发展重要动力的制造业一定的政策优惠和扶持，为其营造良好的发展空间和政策环境。通过相关政策引导劳动、资本等生产要素向制造业流动，尤其是要注重发展科技含量高、附加价值高的高端现代制造业等，重点培育和扶持一批具有竞争力的制造业企业，充分发挥制造业的技术外溢优势，减轻资源产业过度膨胀对创新密集度较高的制造业部门造成的冲击，进而对“荷兰病”效应进行有效遏制。

（四）传导机制四：影响市场化进程

根据已有文献，东部地区经济活力和区域创新能力快速发展主要源自市场化进程的快速推进和私营经济的崛起（林毅夫，2012），而西部地区经济发展相对落后则主要由自然资源禀赋所致。王伟光和吉国秀（2014）基于1998~2006年省级层面数据的实证研究发现，地区产业结构中资源型产业部门所占比重的提高会显著地抑制地区私营经济的发展，从而延缓了资源依赖型地区的市场化进程。因此，东部地区和西部地区市场制度环境的差异以及内生于此的私营经济发展水平差异在很大程度上源于产业结构中资源型产业所占比重的差异。

资源对区域创新能力挤出效应的一个重要传导机制便是资源型产业的扩张对市场化水平产生的不利影响。根据模型式（5-6）的估计结果可知，资源依赖度的提高对其市场化程度产生了显著的负向冲击，这一点也可以从表5-5中各地区市场化总指数排序情况得到验证。从表5-5中可以看出，

2010~2018年，自然资源富集的西部地区整体市场化总指数在全国排名靠后，与之相比，自然资源较为贫乏的东部地区市场化总指数往往排在全国前列（如上海、江苏、浙江、广东、北京等省份），与区域创新能力指数排名和挤出效应程度排名基本吻合，这再次验证了对资源型产业的依赖不利于地区市场化水平的提高。

表5-5　2010~2018年各地区市场化总指数排序情况

地区	2010年	2011年	2012年	2013年	2014年	2015年	2016年	2017年	2018年
北京	5	5	5	5	6	5	6	7	7
天津	8	9	6	6	3	3	5	4	4
河北	16	15	19	18	20	20	21	18	20
山西	24	27	22	23	24	24	23	22	22
内蒙古	21	21	24	24	22	23	25	25	26
辽宁	9	8	9	10	10	11	12	16	16
吉林	14	13	16	17	15	16	18	17	17
黑龙江	20	20	21	21	17	17	20	21	21
上海	1	1	1	2	4	4	2	2	2
江苏	3	2	2	1	1	1	3	5	5
浙江	2	3	3	3	2	2	1	1	1
安徽	10	10	11	9	12	13	10	14	12
福建	7	7	8	8	8	8	7	6	6
江西	17	18	14	13	18	18	15	15	15
山东	6	6	7	7	7	7	8	8	9
河南	11	11	10	11	11	12	13	12	11
湖北	18	16	15	15	13	10	11	10	10
湖南	19	19	17	16	19	19	14	11	14
广东	4	4	4	4	5	6	4	3	3
广西	15	14	18	19	14	14	17	19	19

续表

地区	2010 年	2011 年	2012 年	2013 年	2014 年	2015 年	2016 年	2017 年	2018 年
海南	26	26	23	22	21	22	22	23	23
重庆	12	12	12	12	9	9	9	9	8
四川	13	14	13	14	16	15	16	13	13
贵州	23	23	27	27	27	26	27	26	25
云南	22	22	20	20	25	25	26	28	27
西藏	31	31	31	31	31	31	31	31	31
陕西	25	25	25	25	23	21	19	20	18
甘肃	28	28	28	28	28	28	28	27	28
青海	30	30	30	30	30	30	30	30	30
宁夏	27	24	26	26	26	27	24	24	24
新疆	29	29	29	29	29	29	29	29	29

注：数据根据《中国市场化指数 2018》整理得出。表中的排序表示的是各省份按市场化总指数评分的排列顺序。1 表示该项指数的分值最高，或该项市场化程度最高，31 表示市场化程度最低，其余类推。

细分资源密集地区资源型产业扩张对其市场化水平的影响机制，包括法律制度环境不完善、政府与市场关系不协调、非国有经济发展缓慢、要素市场发育程度偏低导致了资源依赖使市场化程度整体偏低。基于此，资源依赖对市场化水平的影响途径主要有：

（1）较差的法律制度环境降低了企业进行寻租活动的交易成本，使更多的企业倾向于将原本应该用于生产的资源投入寻租活动中以获取超额的利润（谢呈阳、胡汉辉，2020），从而损害了公平竞争的市场环境，影响了市场化进程，这在一定程度上体现出资源依赖所催生出的制度弱化效应。

（2）政府与市场关系指数偏低反映出资源依赖地区在某种程度上存在政府对市场的过度干预，导致市场机制配置资源的功能难以得到有效发挥，从而导致资源配置效率下降，延缓了地区市场化进程。

（3）资源型产业的扩张使资源密集地区经济结构中国有经济所占比重较高。较大规模的国有经济部门会吸收掉大部分原本稀缺的生产要素资源，同时预算软约束问题也会引致国有企业选择过度使用生产要素，于是导致市场上生产要素价格提高，这在一定程度上压缩了私营企业的发展空间，提高了私营企业的进入门槛，使该地区非国有经济发展水平偏低，从而导致其市场化水平偏低。

（4）政府对经济的干预造成资源密集地区要素市场发育程度偏低，加上资源型产业挤占了大部分原本稀缺的生产要素资源，使劳动、资本等生产要素价格出现扭曲并难以流入私营经济部门，导致生产要素配置效率低下并且限制了私营经济部门的发展，影响了市场化进程的推进和市场化水平的提高。

根据上文文献和实证分析，制度弱化和市场化水平偏低使该地区市场公平性、要素流通性、私营企业发展水平都受到制约，进而使作为创新主体的企业失去投入创新的有效市场激励，同时创新要素的流动不再受市场需求的分配从而产生较大浪费，企业家或潜在研发人员将精力消耗在权力寻租上，区域创新能力从多个维度受到负面影响。因此，资源依赖对区域创新能力挤出效应在资源密集地区的一个传导机制是资源型产业的快速扩张影响了其市场化水平的提高，从而对其区域创新能力提升产生不良影响。

根据计量模型的系统 GMM 估计结果和理论分析可得，依赖资源型产业有利于促进地区积累物质资本从而提升创新能力，但对地区的人力资本水平、对外开放水平、制造业发展水平、市场化程度均产生了不同程度的不利影响。由于人力资本积累、对外开放水平、制造业发展水平、市场化水平提高均对区域创新能力增长具有明显的正向促进作用，因此资源依赖通过影响人力资本积累、对外开放水平、制造业发展以及市场化水平对经济增长产生了间接的负面影响。因此，图 5-2 提出的资源依赖对区域创新能力挤出效应的传导机制假设得到验证。

总之，资源依赖通过以上传导机制对区域创新能力提升产生了不利影响。因此，下文将围绕区域创新挤出效应以及挤出效应的各传导因素破解资源密集地区区域创新能力挤出现象，提出促进其创新发展、高质量发展具有针对性的路径。

本章小结

首先，本章结合已有文献对资源挤出技术创新的主要传导机制进行理论分析；其次，基于2001~2018年我国省级层面数据使用系统GMM估计法对资源依赖对区域创新能力挤出效应的各类潜在传导机制进行实证检验；最后，根据实证检验结果，针对挤出效应的具体传导机制进行系统剖析。本章主要研究结论如下：

（1）系统GMM的估计结果显示：依赖资源型产业对地区积累物质资本以提升创新能力产生了一定程度的促进作用，但对其人力资本积累、对外开放水平、制造业发展、市场化程度均产生了不同程度的不利影响。在控制变量方面：居民储蓄水平的提高有助于促进物质资本投资水平的上升；政府对教育投入力度加大，人均教育事业费用增加有助于人力资本水平的提高；基础设施条件的完善能够在一定程度上吸引外商直接投资，有助于促进对外开放水平的提高；劳动力成本的上升对制造业发展产生了显著的负面影响；政府干预程度的提高不利于资源密集地区市场化水平的提升。

（2）由于资源依赖对人力资本积累、对外开放水平、制造业发展以及市

场化水平存在负向作用，而人力资本积累、对外开放、制造业发展、市场化水平提高均对区域创新能力增长具有明显的正向促进作用。由此可见，资源依赖所引发的区域创新能力挤出效应的具体传导机制包括人力资本水平、对外开放水平、制造业发展水平和市场化程度四个主要因素。

第六章　资源依赖对区域创新挤出效应的破解路径与政策体系构建

根据资源依赖对于区域创新能力挤出效应的传导机制，本章认为要提升资源密集地区区域创新能力破解挤出效应问题，一方面可以通过各类措施作用于创新端直接而提升区域创新能力，另一方面通过打破人力资本、对外开放、制造业发展和市场化水平等，干预中介因素间接提升区域创新能力。我们先从破解路径与政策体系构建相关文献中梳理总结国际经验。

一、国际经验

当今世界，发达国家和地区都引领着世界先进技术和创新的潮流，而这些国家和地区在现代化过程中，一部分资源型地区或城市都经历过创新能力被挤出的现象，它们各自采取了不同的解决办法并获得经验。经过研究发现，国家或地区创新系统的建立、创新环境的优化与企业发挥作用的大小有着直接关系，与市场在资源配置中发挥的作用有着直接关系，能够对抗挤出效应使资源成为创新福音国家的一个共性就是要发挥好政府和市场的作用。本节按照在解决创新挤出效应过程中政府和市场的参与程度，总结了政府主导的欧洲模式、研发驱动的日本模式和园区引领的印度模式的经验。

（一）欧洲模式

在工业革命时期，欧洲国家的现代化最初都是以大规模开发自然资源为基础的，但后期一些资源富集地区开始出现了经济增速放缓、经济结构失衡、生态环境恶化、失业率上升等社会问题，其中最重要的原因就是出现了区域创新能力挤出现象。欧洲国家为解决这一困境，强调需发挥政府的主导作用，下文以较为成功的案例——芬兰构建政府主导、运行高效、无处不在的区域创新系统（魏学文，2020）作为典型案例。

芬兰农业和林业资源丰富，在第二次世界大战之前是农业大国，虽然具有一定的工业基础，但由于长久以来资源有限，国内市场狭小，需求不足，工业化、信息化发展较为缓慢。20 世纪 50 年代，芬兰积极推动经济、社会、管理等方面的改革，采取不断加大基础工业投资、快速扩大出口、积极发展集体经济等方式，推动木材加工、造纸、机械、冶金等产业的快速发展，形成了依赖森林资源，生产和出口相关产品为主的国民经济结构，实现了经济的快速发展。作为能源短缺的国家，能源主要依赖进口。20 世纪 70 年代，国内面临通货膨胀和发展减速的双重压力，加上当时世界范围内的两次石油危机，芬兰的粗放型经济增长模式开始走下坡路，出口优势受到了极大挑战，发展节约集约型经济成为全社会的普遍共识。因此，芬兰政府采取了一系列推动制度变革和组织创新的政策，取得了积极成效。主要政策有：①加大教育和研发投入。从 20 世纪 80 年代开始，芬兰的研发经费占的比重从 1981 年的 1.17%提高到 1991 年的 2%。②推动产业制度创新。20 世纪 80 年代由芬兰政府主导，全国开始发展电信产业，通过制定电信法等一系列法律法规，加快完善产业发展的法制环境；通过完全开放国内电信市场，推动芬兰市场环境不断完善。诺基亚也成为芬兰电信业发展的重要代表。③推动科技和教育管理制度创新。从 1982 年开始，全国范围内建设大学科学园，为芬兰科技的跨越式发展打下了坚实的基础。1983 年，芬兰政府在贸工部下成立了国家技术局，着重加强对企业技术发展的支持和管理。1987 年，成立了科学技术政策理事会，对全国的科学研究和技术工作进行统一领导。④着力引进国外先进技术，促进企业“走出去”，实现国际化。相关研究表明，芬兰的技术引进主要采用吸引国外直接投资，建立合资合作型企业，采用合作式设备引进和使用方式等，推动企业“走出去”和技术“引进来”。芬兰的技术引进均站在本国技术力量的立场，避免盲目引进和不消化不吸收的引进。在推动企业“走出去”方面，芬兰建立了为出口企业提供担保和配套服务的机构，主要实现贷款授信、信用担保等相关职责。

20 世纪 90 年代，芬兰引用“国家创新体系”的概念，进一步调整创新政策内容，充分利用加入欧盟的机遇，推动国内机构与欧盟各国开展大力合作，大大提升了国家竞争力，逐步形成以知识为基础的经济运行方式。芬兰的国家创新体系规模庞大、功能齐全却也井然有序，工作流程高效严密，自上而下可以分为六个层次，包括首要政治机构、政策解析与描述机构、政策调制与指导机构、研发创新执行机构、知识与技术转移机构、商品供应与服务供应机构。芬兰是国家创新系统（理论）的优秀实践者，充分运用“资源整合”思维，将创新思想贯彻于“人”，培养全新的主动创新意识。同时，政府在国家创新体系的形成和演变中发挥着重要的作用，从教育系统、产学研合作体系、创新支持系统等的成功演变来看，无一不是政府大力推动的结

果。此外，芬兰在产业发展的过程中注意培养自主创新能力，推动一些传统产业仪器设备从“以引进为主”向“以自主研发为主”的转变，掌控了核心技术手段，带动科技进步和产业升级。

完善区域创新系统也是一个长期动态的过程，需要部署长远战略。2000年，科技政策理事会提出，芬兰要“迎接知识和技能的挑战”，三年后，芬兰全国上下提出了加强“知识、创新和国际化”战略思路及战略举措。此后，通过全面推进信息社会的建设，芬兰的科技创新能力和水平得到进一步的提高。将构建高质量的教育和科研系统，转变政府职能，推动科研机构改革，提高国家创新系统动力作为长期发展战略。芬兰转型为创新型国家，电子信息、森林产品、冶金机械三大产业迅速发展，国民经济产业体系进一步完善和升级，特别是国家研发投入不断上升，到2001年之后占GDP的比重持续保持在3.5%左右，芬兰经济运行的重点已经转移到依靠技术创新和出口高技术产品上来。芬兰国家创新体系的层级如图6-1所示。

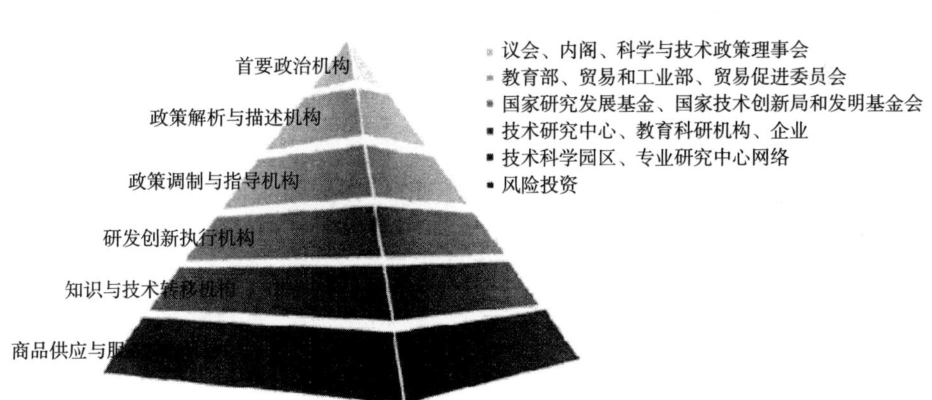

图6-1　芬兰国家创新体系的层级

资料来源：张琳．区域创新体系建设国际经验［J］．信息系统工程，2015（11）：56-63.

总结这一政府主导的欧洲模式，其主要包括以下几个特点：

第一，政府主导，经济主体自行调整。芬兰坚持立法原则，通过法律使上下统一发展思路，约束规范资金的来源、使用和效用，保证政策合法性、合理性、稳定性、有效性。在执行支持创新政策过程中，芬兰政府尊重市场规律，发挥宏观调控作用，提供制度框架和服务，有针对性地扶持跨行业生产，鼓励企业科研和创新。政府针对产业和就业萎缩采取了“减震”措施，促进了区域内结构调整、创新动力、经济增长。通过官方协调和非官方管理运作（田红娜，2007），加大区域内、政府间、企业间和科研院所间的项目合作。

第二，坚持以总体规划为导向。芬兰政府在通过创新调整经济结构过程中起协调统筹、调动各级政府机构积极性的重要作用；同时营造良好环境，鼓励产学研政企交流合作，达成区域创新协作和产业转型的社会基础。政府先后出台了总体发展规划和“知识、创新和国际化”战略思路（江涛涛等，2019），并颁布了相关法律，构建了“国家创新体系”，通过优惠政策推动改善创新领域基础设施，实现工业现代化，并推动发展以电子信息、森林产品、冶金机械等为代表的新兴产业，顺利引导结构调整。

第三，建立改造资源型产业发展基金。国家直接或间接的补贴方式都会扭曲市场价格和成本关系，一旦发放就很难削减和取消。面对芬兰政府当时补贴过多的各类负面现象，减少对其资源型产业的补贴。

第四，培育新兴产业。芬兰积极发展通信、电子信息、森林产品、冶金机械、环保等新兴工业和旅游、多媒体等服务业。以大学和科研机构为依托，培育高新技术产业和文化，形成了高新技术产业的集中和集聚，成为强有力的区域产业竞争。

第五，注重技术创新，培育区域创新能力。芬兰政府在“二战”后陆续

建立了大量学校、科研机构、研发中心，储备了智力支持和技术支撑。同时注重技术转化，设立“技术转化中心”，成功实现产学研一体化和技术的市场化价值。政府通过资金补助来鼓励企业、高校、研究机构之间合作，以发挥“群体效应”。

第六，改善投资环境。工业投资环境良好能够保持区域创新活力。芬兰以区位条件以及投资者对投资环境的了解作为投资环境的衡量标准，通过发挥交通地理优势、供给发展用地、高素质劳动力等优势，大量吸引创新资源要素流入。

第七，治理环境。芬兰政府大量投资于环境治理，坚持改善环境与调整产业结构并重，重视修复资源枯竭型地区，设立土地基金修复旧工业用地，开征环境保护税，成立专门整治部门，进行煤炭转型和国土整治，区域总体规划中实施“绿色空间”计划，专门设计了生态产业园区。

（二）日本模式

在亚洲也同样有成功克服资源依赖挤出区域创新的范本，其中最具典型性的就是日本选择了研发驱动、政策主导的区域创新思路，政府和市场在资源密集地区转型过程中各司其职，发挥了有效作用。

日本属于资源稀缺型国家，但局部地区煤矿资源、进口铁矿石等自然资源还是相对丰富，以日本著名的煤矿产区和传统工业区北九州市为例，曾经其经济发展对资源依赖程度十分高，后期逐步发展成以钢铁、化学、陶瓷等产业为主的多元化工业产业体系。日本通过补贴北九州的煤炭开采，保障提高本国煤炭生产能力，降低煤炭的进口依赖度。但是随着日本经济的开放，国外进口的煤炭价格低廉品质优良，对本土煤炭产业产生较大威胁，政府煤炭补贴的压力逐步超负荷且无法支撑。随后北九州市煤炭行业大幅衰落，伴随而来的经济下行和地区创新停滞，与上文相似的创新挤出现象逐步凸显。

为了加快恢复国力生产，解决资源密集地区经济转型问题，自20世纪80年代以来，日本逐步将综合国力的竞争战略转向创新领域，以促进科技创新成果转化和高新技术产业化为重点，推动全国从“贸易立国”战略到“技术立国”的实施，最终实现了“科技创新立国”的发展方式，推动国家从落后国家向发达国家转变。最先采用的发展路径是“吸收、模仿”，就是通过短期内提升国内的技术水平，提高全国的科技综合实力和创新能力。与此同时，日本国内普遍认识到，建设创新型国家必须推动国内技术创新活动日益完善和发展，因此从20世纪60年代开始，日本国内创新活动的重点转移到了技术专利、技术情报和基础性科研成果方面，重点对新引进的技术进行分析研究，促进消化吸收再创新。研究认为，1955~1970年，日本用不到60亿美元的代价，掌握了世界发明全部技术的50%，并拥有了技术追赶的“后发优势”。

日本实施“技术立国”的国家创新系统战略，其重点在于在加大科技资源投入、促进产学研合作、加快推动科技成果转化、推进科技体制建设等方面全力推动科技创新，以建设研发驱动型的区域创新体系为战略目标着力实施相关战略（吕薇，2014）。日本研发驱动型的区域创新系统具有以下特点：一是创新系统中研发资源配置效率高于一般水平。根据日本政府主导的科技人力投入与资金投入相关数据分析发现，通过创新系统建设过程中市场和政府双管齐下，科技资源和创新资源加快向科技研发方向倾斜，推动科技投入结构的持续优化。在日本，所有大中型企业都设立有自己的研发机构，并通过产学研合作，与科研机构和高校建立了紧密的合作关系，通过日常化、深入广泛的合作，推动科技成果转化，促进经济和科技创新效率的提升，完善了区域创新体系。二是创新系统中的核心为推进应用型的研发活动。如果起

步时期日本的技术创新主要依赖于引进和模仿，日本技术创新的成功则在于模仿基础上的消化吸收，以及消化吸收基础上的再创新。通过大量引进外国先进技术，国内企业和研发机构用较短的时间和较低的成本实现了技术的应用，在此基础上，相关的企业和研发机构加快推进应用研究和开发，推进引进的技术在本地实现技术革新，实现国产化的产品生产，实现规模经济效益，为国内科技赶超众多科技领先国家奠定了坚实的基础。三是创新系统完善的重点在于通过集成创新推动技术的大变革。日本国内，众多企业和科研机构都特别注重多种技术的集成创新，通过传统技术与引进技术的融合、改造，加快形成广泛的技术体系，用来改造出新的产业，在短期内实现技术体系的升级。

在促进区域科技创新能力提升过程中，日本各级政府的政策支持和引导作用也非常关键。总体来看，主要分为三个时期：1970~1990 年，日本政府通过完善规划，实现顶层设计，构建了科技资源和基础条件的分散化、科学化、合理化的布局，对科技资源的科学合理布局，为创新系统建设提供了良好的基础。1991~2000 年，日本各级地方政府建设和完善科技体系。1992 年的第 18 次科技政策纲要和 1995 年的科技基本法，都明确界定了地方政府在推动区域创新能力中的职责和任务。自 21 世纪以来，日本政府重点加强区域政府的创新组织和协调能力。2001 年开展了第 2 次科技发展基本规划工作和面向科技政策的相关研究，都强调区域政府创新能力提升中运行机制的建立完善和区域创新氛围的培育等。

高新技术开发园区也是促进日本区域创新系统建设的关键环节。为提高国内产业的竞争力，日本政府从全国视野进行战略布局，提出建设具有专业和地域特色的产业集中区，主要用于推进相关科技成果的转化，孵化各类型的科技企业，促进产业集群效应的发挥。同时，考虑到地方政府就业和地方财政的现实需要，推动产学研政的紧密协作，推动地区和周边经济的发展，如日本中部地区名古屋市远郊的以汽车及其关联产业为代表的丰田城就是其中的典型代表。

学术研究都市和创造型都市也是日本创新系统的一大亮点。推动区域创新能力提升，必须集中世界范围内的优秀人才，特别是科技人才，借助人才的力量开展大规模超前的基础研究和重大研究课题攻关。创新系统建设也需要创新需求的带动，随着老龄化、环境破坏、降低劳动强度以及健康产业的发展，以丰富的文化消费为重点，推动国内新的区域创新成为日本社会各界的共同追求。因此，国家给予政策支持建立新型的“健康都市”，将创新成果运用在硬件设施和充满爱心的社会氛围中，促进了创新成果的转化和运用。

在打造创新服务平台方面，日本政府制定了技术开发补助金支持奖励制度，特别针对中小企业的技术创新给予大力支持，帮助中小企业加大产品研发投入力度，促进技术更新。为进一步调动中小企业进行试验和研究的积极性，日本政府对中小企业提供税收优惠政策支持，极大地增加试验研究经费的税额抵扣，对中小企业的技术基础强化税制，极大地增强了中小企业在技术创新和区域创新系统建设、维护和完善中的积极作用。

（三）印度模式

在工业化进程中，作为发展中国家的印度国民经济长期依赖资源及其初级产品的相关产业，在近三十年，印度也开始重视培育本土以园区引领、政策主导的区域创新能力的提升，并且在部分产业领域拥有全球顶级的技术和人才。这里以班加罗尔园区为典型案例分析。

自 20 世纪 80 年代以来，为了加快推动国家创新系统建设和提高国家竞争力，印度政府提出了重点发展计算机软件业的战略目标。1991 年，在班加罗尔建立了第一个软件园。之后通过开展制度改革和创新，加强人才支持、加大基础设施建设等方式，加大对计算机软件产业的扶持力度。

在吸引投资方面，印度政府实施了免除进出口软件的双重税负，软件业实行零关税、零流通税和零服务税等一系列支持政策，通过允许软件企业加速折旧，放宽外资软件企业进入印度的壁垒等政策，印度政府对进入园区的海内外投资者给予支持，这些非常具有吸引力的政策大大促进了国内外计算机行业的各类公司和拥有计算机软件相关经验的人员到班加罗尔创业就业，提高了该园区的竞争力和发展潜力。

在人才培养方面，印度班加罗尔的软件人才拥有大量的高素质技术人才队伍，不仅掌握英语，而且素质仅次于美国，这远远超过亚洲任何一个其他城市。每年通过遍布全印度的 1832 所大学培养出近 68 万名软件技术人员，成为软件开发产业发展的有力支撑。同时，印度 1000 多家民办软件人才培训机构，每年都为各类大中小型企业培养大量初中级软件实用人才，为软件产业的发展提供了强大的人才支撑。人才培养方面政府也给予众多优惠政策和激励措施。

在基础设施建设和制定法律、法规制度方面，印度政府对各类园区的支持主要体现在加大基础设施建设投资力度方面，特别是将投资重点向园区内中央计算机系统、卫星高速数据通信系统等方面倾斜，为园区信息化发展提供了支撑。同时，印度政府制定了一系列保护政策，如《印度证据法》《印度储蓄银行法》《银行背书证据法》等，为电子商务的发展提供了法律保障。

（四）削弱挤出效应的经验总结

总体来看，在提升资源依赖地区区域创新能力过程中，芬兰、日本、印度各级政府都发挥了重要的主导和推动作用，通过建立完备的法律制度体系，对知识产权加以保护，规范区域经济、协调市场竞争、提高企业积极性方面作用显著。为营造创新服务环境，各国政府通过不同程度的优惠政策，不断完善创新服务体系，吸引投资、鼓励和帮助企业发展，乃至促进区域经济发展都有所体现，但具体采用的方式方法，三国略有差别。芬兰政府主要通过区域创新系统的完善和广覆盖，促进区域创新能力和效率的不断提高。日本政府则将技术创新作为基本国策来抓，在技术引进、技术聚集、对区域经济有贡献的技术创新等各个方面，日本政府都给予大力支持。印度政府出于对软件行业的重视，采用了重点扶持的手段大力发展软件业，效果突出。

基于各自具体国情，破解资源依赖挤出区域创新能力的模式既存在差异性，又具有一些共性规律，在一些政策举措方面存在相似发展经验，因此对这些共性经验做法进行总结提炼有助于为我国资源密集地区提升区域创新能力，实现经济转型发展提供经验借鉴。总结为以下几点：

一是处理好政府与市场之间的关系。提高市场化水平是提升区域创新能力的本质，只有将政府功能和市场机制进行有机结合，才能承受并降低创新过程中高昂的转型成本、制度成本以及社会成本（郭熙保，1998）。一般来说，与发展中国家和地区相比，西方发达国家市场经济体制相对成熟，而面对高昂的转型成本，企业通常难以承担转型基础设施的巨额投资，难以应对资源开采对环境造成的巨大破坏，难以获得与企业工作技能相适应的劳动力等，缺乏参与的积极性和实力，从而导致市场失灵（Libman，2010）。在这种情况下，转型为创新驱动必须借助政府力量推动。由于国情不同，各国政府与市场职能边界不同，如欧洲和日本需要政府积极主动参与，通过相关政策的引导和支持构建国家创新体系、完善创新方面的基础设施建设、优化创新生态环境治理等问题，而自然资源富集且创新能力较强的美国，遭遇不显著的创新挤出效应时紧迫性远不如欧洲和日本等，其解决创新挤出现象的途

径更多的是依靠市场机制（Habakkuk，1962）。依靠市场解决挤出效应问题的过程相对来讲较为缓慢，同时很多地区的挤出现象并未通过市场机制得到彻底根除，遗留了大量荒废土地。由此可见，在解决挤出效应方面政府和市场发挥作用的边界必须根据具体国情和资源禀赋而定。具体到我国资源密集地区，根据上文分析此类地区普遍市场化进程相对缓慢，市场化水平相对偏低，市场经济体制尚不十分健全，加上资源型产业在区域经济结构中所占比重较高，在路径依赖的作用下会引发锁定效应，因此在破解资源挤出区域创新问题的过程中需要注重更好地发挥政府的作用（陈庆江，2017），从而推动整体创新能力更加合理高效地提升。

二是科学合理地选择替代产业。区域创新能力能够实现产业结构转型，而产业结构转型反之能够提升区域创新能力（顾新、王元地，2014）。通过经济转型途径破解挤出效应现象的关键在于替代产业的选择，发达国家选择了科学合理的新兴产业，往往能够较为顺利地反向作用于区域创新能力的提升。进行替代产业的选择既要考虑市场需求也要考虑资源禀赋。拥有良好的人力、物力、财力的国家通常会选择具有发展潜力大、附加值高的高新技术产业和现代服务业来进行替代。例如，德国、日本注重发展高端装备制造业，美国、英国着重促进金融信息等现代服务业。这些产业有助于提高地区发展层次，转变经济结构和就业结构，从而带动整个地区竞争力的提升。我国资源密集地区在选择替代产业解决挤出效应时需统筹考虑本地人力、资本、技术等生产要素条件以及市场变化情况，在此基础上有针对性地选取若干接续产业推动经济转型。由于在一些科技创新能力较低，人力资本积累较为不足的地区，短期内不宜过多地选择高新技术产业，避免这些产业因短期技术创新能力有限而沦为产业链中单纯的加工制造环节。此外，由于同一省份或区域内要素禀赋条件也存在一定差异性，因此应当因地制宜科学合理地选择差异化的产业加以培育和扶持，防止重复投资建设引发同类产业在局部市场进行低水平同质化竞争。

三是构建完善的产业政策体系。从产业入手进行破解资源依赖挤出区域创新现象的政策设计。发达国家在提升其创新能力方面的一个重要经验就是运用系统完善的产业政策体系对经济结构进行调整，更多向技术密集型引导（景普秋，2016），在这一方面日本最具有典型性和代表性。其产业政策体系较为完善，包括幼稚产业保护政策、新兴产业培育扶持政策、衰退产业援助政策以及相关配套措施。我国产业政策体系相对较不完善，地方的短期产业政策缺乏延续性和系统性，难以实现预期的效果。因此，对于遭受区域创新挤出问题的资源密集地区应当因地制宜地制定一套适合区情实际的创新驱动高质量发展战略，形成一套相对稳定且完善的产业政策体系，并切实提高相关政策的执行效果，促进政策落地生根。要想从根本上解决区域创新挤出效应，需要稳定科学的产业政策体系，并能够长期得到贯彻实施。

四是加强生态环境治理。资源过度开采以及资源型产业过度扩张最直接的副作用就是环境污染、生态系统破坏。发达国家对于污染防治和生态系统修复十分重视。综观各国以资源型产业为主导产业的地区，在进行资源开采的过程中基本都存在环境污染、生态系统破坏等一系列严重的环境问题，这是资源依赖型地区进行资源大规模开采、资源型产业过度膨胀所导致的“通病”。随着长期持续加强生态环境治理力度，部分资源密集地区可以将生态旅游业发展为主要产业。资源型地区逐步从资源型产业为主导向高新技术产业和现代服务业为主导转变，优良的生态环境在吸引投资、人才以及技术等创新要素方面至关重要。在生态环境方面，我国存在不合理不科学的资源开采对生态环境产生了严重影响，导致土壤、大气和水资源污染、水位下降、生物多样性破坏、地质灾害等一系列生态环境问题。因此，未来资源依赖地

区需进一步完善生态补偿机制，加大惩罚力度，强化生态环境治理和修复，逐步提高区域生态环境治理能力，从改善地区生态环境入手，增强对外来技术、投资、人才等创新要素的吸引力。

五是遵循循序渐进原则提升区域创新能力。破解挤出效应提升区域创新是一个缓慢渐进的过程，难以一蹴而就，需要久久为功，必须未雨绸缪，预先对转型路径和目标进行设计，循序渐进，尽量避免经济增长乏力、转型成本过高。这就要求地方政府未雨绸缪，提前对经济发展方式转变积极谋划，在资源开发的繁荣期就开始培育和发展具有创新潜力的新兴产业，从而保证经济发展的平稳性和可持续性，为经济转型创造稳定的创新驱动力，从而实现平稳有序的转型（钞小静、任保平，2008）。此外，资源富集型地区的要素禀赋结构和企业利润最大化的本质决定了企业倾向于将大量资本、技术、人才等生产要素聚集在资源型产业，显著挤占了创新领域的发展资源，在一定程度上限制和拖累了地区经济转型进程，容易产生市场失灵，因此必须处理好政府与市场之间的关系，充分发挥政府在建立区域创新生态过程中的重要作用。多数国家摆脱资源依赖走向创新驱动花费时间长达几十年甚至上百年，因此循序渐进原则是多数创新型国家普遍遵循的原则。根据前文资源诅咒指数测算结果，目前我国部分资源密集地区已处于资源依赖程度较为严重的状态，因此目前急需深入谋划，系统设计一套科学合理的经济转型方案并开始循序渐进地按照设定路径推动实施，从而逐步走出资源挤出区域创新的困境，实现经济健康可持续发展。

六是发挥各类主体在创新系统中的作用。政府、企业、产学研合作机构和园区及高等学校各司其职并高效协同。

发挥政府在创新环境整理和优化方面的积极作用。政府职能的发挥主要通过支持和鼓励政策向简政放权、促进行政管理制度改革和完善对企业的服务方面转变，加强政策引领，培育优越的创新环境，进而推动区域内的创新。美国在培育区域创新能力中，通过制定科技教育政策、生态环境保护政策、人才引进和激励政策等，有效地吸引了国内外投资的进入、高端人才的集聚、创新环境的优化，进而提高了该区域的创新能力；日本通过制定“培育地区产业工程”和建立“主导型产业基地”计划等方式，着力改善区域创新环境；欧盟和印度针对欠发达地区的科技创新现状，通过区域政策创新，优化创新环境，营造区域内特有的创新文化氛围也是政府主导型的发展方式。创新的软环境主要指鼓励创新、吸引人才的法律、法规等政策供给。创新的硬环境主要指创新所需的各类基础设施和公共服务，主要包括一般的基础设施建设和为本地创新活动主体服务的公用设施即区域创新基础设施，如图书馆、展览展示馆、科技服务中心、公共信息网络等创新的公共服务设施；通过劳动者培训、人才就业后继续教育、企业家培训和进修等，提供无形的服务。

发挥企业在创新技术研发和应用过程中的积极作用。企业是区域创新系统的主体，必须引导企业增强对创新重要性的认识，切实推动企业从“要我创新”向“我要创新”转变。企业发展必须首先建立适应市场需求的企业组织管理体系，从企业组织体制上由传统的生产能力强、技术创新和市场营销能力相对较弱的格局，向技术创新和市场营销能力强，生产组织体系健全的模式转变，特别是注重加大研发经费的支持，加强企业的人力资源培训和开发，强化创新的激励机制。加快整合外部的创新资源，依托各类研发机构，把企业需求、市场需求和外部技术供给有机结合，最大限度地利用外部的资源和研发能力，提高企业的创新能力，提高创新效率。同时，增强企业技术集成和产业化的水平，激励知识创新，进一步建立和完善知识产权的交易制度，采取不同的手段支持各类企业申报专利，开发拥有自主知识产权的关键核心技术，加快推进科技成果的转化和产业化（高启杰，2008）。加快吸收

国内外著名高校、科研院所的研发成果，着重调动各方面的积极力量为企业创新提供服务，着力提高企业的创新意识和创新能力。

发挥产学研合作机制在创新成果转移转化中的积极作用。产学研合作通常指以企业为技术需求方，以科研院所或高等院校为技术供给方，需求方和供给方之间的合作，加快推动取得的科技成果由知识形态向现实的生产力转化。发挥产学研合作机制的重要作用，要大力加强科技交流与合作，充分利用全球科技资源。要加快提高产学研联合层次，鼓励国内的各级各类科研院所、各种类型的高等院校建立研发机构，支持企业建立研发机构，以企业为主、科研机构联办的工程技术中心、技术中心、工程中心，支持高校、科研院所承担国家、省重大科技创新项目。鼓励科技人员创新创业，扶持创新创业领军人才。加快建立和完善产学研一体化合作机制，深化组织协调和服务支持，针对产学研合作中出现的新情况和新问题，着力采取超常措施予以解决，深入推进产学研合作的开展，努力营造产学研合作交流的社会氛围（姚云浩、高启杰，2014）。进一步加强产学研合作的政策导向宣传和指导，通过总结推广产学研合作的经验和模式，促进全社会共同学习借鉴优秀的模式和经验，在产学研合作方面少走弯路，努力营造全社会关心支持产学研合作的良好社会氛围。

发挥科技园区在研发平台、转化平台和企业孵化中的积极作用。要建立开发区创新服务体系，主要包括六类平台：①政策法规服务平台；②公共技术服务平台；③投融资服务平台，设立信用担保公司、企业信用体系、完善风险担保和风险转变金制度等；④银企互动平台，鼓励企业与金融机构建立长期稳定的合作关系；⑤专业化科技中介服务平台；⑥孵化服务平台，鼓励高等院校、科研院所、企业等多元主体创办各类专业孵化器。

发挥高等学校在创新创业人才培养中的积极作用。要积极实施青年科技人才计划，激励优秀人才脱颖而出，继续实施培养和吸引优秀人才的计划。要加强研究基地的建设和整合，进一步优化高校中的国家重点实验室、企业工程技术中心、企业间合作研究中心和工程研究中心等，优化资源配置，构建学科方向齐全、布局合理、创新力量强大的高校研究基地系统，推动高水平大学建设工程的实施，具体目标之一是规划建设研究型大学。一批高水平的研究型大学，是提升我国高等教育国际竞争能力的主体，也是培育世界一流大学的根基和关键。

二、破解路径探析

（一）加大区域创新力度

加大区域创新力度是破解资源挤出区域创新的最直接手段。根据《2020中国区域创新能力评价报告》显示，创新能力领先地区与落后地区差距没有明显缩小，领先地区的创新投入与产出呈现“极化”现象，区域间的差距又近乎固化，南北差距加大。以中心城市为核心的大都市圈将形成多个区域创新增长极，要素集聚成为带动区域经济快速发展的重要引擎。以互联网、大数据、云计算为代表的新一代信息技术革命，正在打破区域创新的地理局限性，数据成为新的生产要素，创新模式、创新活动的特点、创新投入与产出都在发生变化，国际竞争、大国博弈，对自主创新战略以及区域创新格局产生深远影响。多数文献认为，提升区域创新能力最为有效的路径包括以下几种：

1. 加大创新投入

加大投入是最为直接和有效地提升区域创新能力的措施。近年来我国在创新投入硬指标上大幅增长。2019 年我国研究与试验发展经费投入总量首次突破 2 万亿元，达到 22143.6 亿元，R&D 经费投入强度为 2.23%，自 2013 年以来 R&D 经费总量一直稳居世界第二，与美国差距逐步缩小，R&D 经费投入强度稳步提升，已接近欧盟 15 国平均水平。在全国各省市普遍增长的同时仍然存在地区性的较大差异，由表 6-1 可以看出，挤出效应明显的地区创新基础薄弱在投入上与全国水平相比处于落后。在政府研发投入占 GDP 比重、研发经费支出占 GDP 比重、对教育投资占 GDP 比重、规模以上工业企业对技术改造投入规模等数据上普遍处于后位（张秋凤、牟绍波，2021）。所以，资源对区域创新能力挤出较强的地区需要持久加大创新投入力度并建立合理的科技创新投入结构，未来投资潜力和能力较大。

表 6-1　2019 年中国各省份研发经费投入情况

地区	R&D 经费（亿元）	R&D 经费投入强度（%）
全国	22143.6	2.23
北京	2233.6	6.31
天津	463.0	3.28
河北	566.7	1.61
山西	191.2	1.12
内蒙古	147.8	0.86
辽宁	508.5	2.04
吉林	148.4	1.27
黑龙江	146.6	1.08
上海	1524.6	4.00
江苏	2779.5	2.79
浙江	1669.8	2.68
安徽	754.0	2.03

续表

地区	R&D 经费（亿元）	R&D 经费投入强度（%）
福建	753.7	1.78
江西	384.3	1.55
山东	1494.7	2.10
河南	793.0	1.46
湖北	957.9	2.09
湖南	787.2	1.98
广东	3098.5	2.88
广西	167.1	0.79
海南	29.9	0.56
重庆	469.6	1.99
四川	871.0	1.87
贵州	144.7	0.86
云南	220.0	0.95
西藏	4.3	0.26
陕西	584.6	2.27
甘肃	110.2	1.26
青海	20.6	0.69
宁夏	54.5	1.45
新疆	64.1	0.47

资料来源：中商情报网。

积极探索资金来源，发挥政府与市场的双向作用（孙艺璇等，2021）。探索多元化的新型财政资金投入模式，综合运用财政资金。政府应当加大科技基础设施建设、教育等方面的投入，以资金来鼓励和支持创新活动，积极引导民间资本参与。企业可申请在创业板、新三板上市，允许符合条件的科技企业跨境融资或发行债券票据，探索发行新兴产业高新技术企业债券，设立成果转化、中小企业创新、新兴产业培育等专项基金。形成以政府为主导、企业为主体、各类金融机构为支持的多元化投融资体系（李婷婷，2017）。

深入推动银企合作，引导银行业机构信贷政策向创新型企业倾斜。积极组织安排创新型企业与各银行业机构开展项目对接活动，加强银企间相互交流，促进银企合作。建立创新企业信息库，扩大企业直接融资渠道和规模。完善保险机构、准金融机构、担保服务机构、社会信用信息服务平台等中介服务支撑体系。建立完善支持科技型中小企业发展的信贷、保险和担保等业务的政府支持政策机制。

从结构上加大对科研项目和科研机构的投入，保障并完善其科研基础设施，调整各类人力和资本的投入结构。在大力增加政府对科技研发投入的同时，在政策扶持和资金投入过程中注重对非资源型产业、新兴产业和高新技术产业的引导，制定科学合理的经费分配制度，避免将经费投入到发达国家和地区已成熟或将要淘汰的技术上（张明斗，2020）。要完善科技创新考核机制，重大项目需建立预算评审和科研资金使用信用制度，监督地方政府增加研发投入、调整投入结构并提高使用效率。税务部门可根据企业研发投入情况，给予适当的普惠性奖励（李猛、黄庆平，2020）。

2. 强化企业创新主体地位

加快发展创新型企业，尤其是具有发展潜力的一大批中小创新型企业，首先必须培育创新型企业家。这些创新型企业家大多数不是从传统产业的资本型、商业型企业家转型而来的，他们具有良好教育背景、技术水准和经营能力，是从创业人才中成长起来的技术创新创业型人才。推动企业科技创新，必须大力培育和引进创新型的企业家。因此，须加大力度引进新兴产业海内外高层次人才，重视各级各类的高新技术开发区、归国人员创业园等创业平台的建设，制定相应的优惠政策向这类型企业家倾斜（吕一清、吉媛，2021）。政府通过创业扶持基金、科研设备租赁、税收优惠等政策，吸引从事新一代信息技术、新能源、新材料等新兴产业的创业者开展创业活动。

通过做大做强龙头企业，培育壮大一批中小创新型企业，加快建设转型升级的示范性企业，努力强化企业的创新系统建设主体地位，并强化其在区域创新体系中的核心作用，对于引导企业积极利用内部和外部的创新要素，提升企业的创新能力和效率具有重要作用。加快推动加工贸易企业转型升级，帮助企业技术改造、进行品牌营销、规范企业管理。支持高新技术企业、规模以上企业建立独立专业化的科技研发机构，提高成果转移转化能力。吸引更多的公司、企业到本区域设立研发机构、区域总部，开展本土化经营活动，制造适合本地区销售的产品。支持企业到海外设立研发机构，鼓励企业与高校、科研机构共建研发中心，通过技术的吸收、创新、转化，提高自主知识产权的占有率和使用效率（毛明芳，2021）。在企业认定市场开拓、人员培训等方面，为科技型中小企业提供便捷的网络服务。企业及时沟通和更新企业需求信息，政府部门应将相关扶持政策及时送到企业，让企业感受到和享受到政策支持的成效，进而增强政策透明度。

3. 培育扶持高新技术产业和新兴产业

挤出效应较强的地区过度依赖资源型产业，产业结构不均衡，最为突出的特点为高技术产业落后于发达地区，高新技术产业主营业务收入增速及其占 GDP 比重、高新技术企业占企业比重、高新技术产业就业人数比重、高新技术产品出口额比重等指标位居全国后列。

通过优化投资结构来促进产业结构的调整和优化，利用政策引导和项目支持等形式，继续发挥特色产业优势，同时注重发展新兴产业和高新技术产业，开发新产品、新技术、新业态和新模式，破除产业改造升级过程中的技术壁垒；引进外来高新水平的同时重视自主研发，建立高新技术孵化基地，政府可根据销售、成本、利润等指标评估企业并给予适当奖励，积极推出有

先发竞争优势的创新型领军企业（苏屹、林周周，2021）。

4. 提高成果产出和转化水平

通过提高创新成果产出水平和转化水平衔接创新链与产业链。资源挤出区域创新较强的地区普遍存在创新投入的高增长并未带来创新产出的高增长现状，这意味着资源配置的低效和浪费，在新产品销售收入比重、专利申请数、国际论文数、发明专利授权数、每百万人专利授权数、每十万研发人员发表论文数、每十万人专利申请受理数、每亿元研发经费所产生的发明专利申请成功率等指标排名均处于劣势。

提高创新成果转化率是增强区域创新能力的关键，充分发挥创新成果的市场效益。大力扶持技术市场交易；加大政策激励力度，鼓励企业研发、生产和销售新产品；企业形成成果转化激励机制，如股权分红、股票期权、项目收益分红等；建立创新经营业绩考核制度，将研发投入和创新产出分类评估考核（郑婷婷，2019）；更重要的是，将创新绩效作为地方领导干部考核的重要指标，从体制上、根本上解决创新动力不足的问题。

同时，建立和完善技术创新体系，解决科技创新存在分散封闭、交叉重复的“孤岛现象”，企业应积极实现能够摆脱创新能力挤出的新产品、新技术开发和产业化应用，搭建企业技术中心、研发机构、科技孵化器、中介机构、创新服务中心等创新载体，积极举办科技成果展览会和博览会，促进产学研融合，推动科技成果和知识产权的市场化。

5. 发展绿色循环经济，推进生态创新

生态创新是指通过科技创新实现节能环保。挤出效应较强的地区由于发展方式决定了大多是生态环境较为脆弱、资源能源约束较大的地区，单位产能消耗高，单位 GDP 耗电耗煤、废水排放导致的水污染、大气污染相对较大。作为我国重要的能源安全基地和生态安全屏障，这些地区的生态状况关系着全国的生态安全和产业安全。资源环境约束日益趋紧，必须改变原有的粗放型发展方式，只有通过技术创新才能真正实现节能减排和绿色发展。以科技创新加强基础改造，升级传统产业技术，坚决取缔对不环保、过剩、落后企业的保护，尽快完成转型或倒逼其退出市场；高效利用清洁能源，通过政策扶持打造清洁能源输出基地（陈琦、欧阳铭珂，2020）；全域使用绿色环保标准评估，严格动态监测企业排污情况，奖惩分明。

6. 建立健全培养创新型科技人才的机制

完善人才激励机制。加强对创新型人才培养的投入，提高科研工作者的质量与数量。加大对高新技术人才的科研投入，简化放松科研经费使用流程，提高科研人员成果转化收益分享比例，鼓励营造大众创业、万众创新的环境。通过实施科研人员薪酬和岗位制度改革建立人才流动机制，允许甚至鼓励企事业间有利于科研成果转化的科研人力资本流动。

引导科技人才到企业开展科技研发活动。按照人才引进、人才留住、人才有用的原则，依托各类创新创业平台，吸引来自高校科研机构、企业的高端人才及团队，到本地区开展创新创业工作。同时，选聘优秀的企业家到高校开展教学和科研活动，鼓励高校教师进企业进行技术指导，推动产学研合作从技术层面向操作层面延伸，注重经济效益的提升。支持各类科技型人才在高校、企业、研究机构之间开展流动工作和多方兼职等形式进行深度合作。

7. 完善创新法制体系

建立健全知识产权相关的法律法规，完善知识产权保护机制，加强对涉及专利权、著作权、商标权等知识产权类案件的审理，严厉打击违法行为，提高执法效率和市场监管水平，确保能够促进创新公平的法制保障和社会氛围。

8. 培育区域创新的社会文化环境

区域社会文化环境包括风俗习惯、文化水平、价值观念、社会风气、关系网等，直接影响人们对创新创业的态度和热情。平等、宽松的环境有利于新思想、新技术在区域内的传播和转化。区域创新网络中的独特文化还包括各类创新主体之间开展的紧密协作和沟通所形成的文化特征。因此，地方政府要充分考虑地区文化，选好切入点，引导资源和要素为创新服务，同时促进企业、高校、研发机构和中介机构等创新主体之间的创新和交互学习机制的形成，实现创新网络中各个主体的集成创新（刘备、王林辉，2020）。

（二）提高对外开放程度

由于资源型产业的过度扩张对对外开放程度的影响途径主要体现在对外商直接投资的吸引力弱化进而阻碍技术引进，因此本书认为通过提高对外开放程度破解资源依赖对区域创新能力挤出效应的核心即优化外商直接投资环境，强化利用外资力度和效率，通过利用外资规模、结构和方式等引导资源密集地区提升区域创新能力。

1. 拓宽外资引入渠道，创新利用外资模式

自 21 世纪以来，我国加入世界贸易组织，积极放宽市场准入，优化投资环境，利用外资迅猛发展，年均增速高于 27%。金融危机后实际利用外资仍呈上涨态势，在规模扩大的同时增速放缓。党的十八大以来，我国积极营造更加公平透明便利、更有吸引力的投资环境，优化区域开放布局，利用外资进入高速发展时期。2019 年，我国实际使用外商直接投资 1381 亿美元，规模为 1983 年的 151 倍，年均增长 15.4%（见图 6-2）。我国已连续两年成为全球第二大外资流入国，连续 27 年成为外资流入最多的发展中经济体。

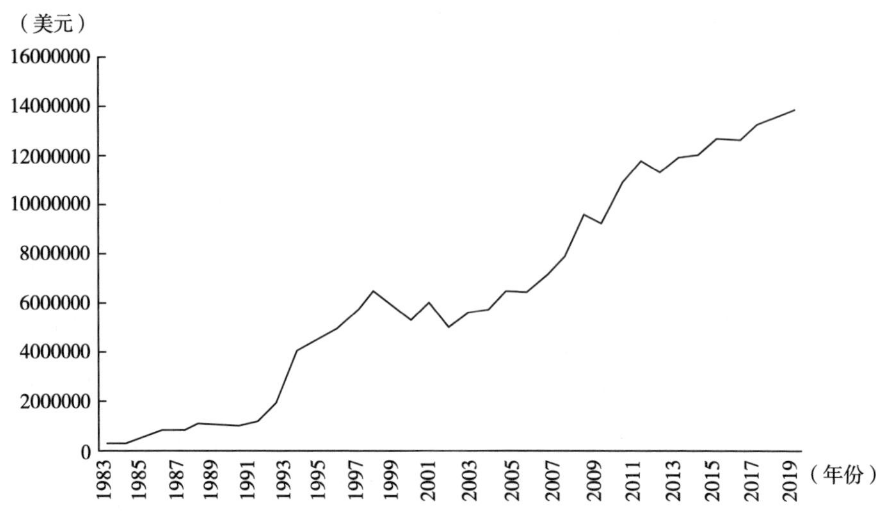

图 6-2　1983~2019 年我国实际利用外资情况

在全国引进外资快速增长的情况下，存在着区域不平衡的现象，利用外资从东南沿海地区逐步向沿边、沿江重要城市以及内陆地区推进。本书中涉及的资源密集地区多数集中于内陆中西部地区，由 2018 年数据可看出（见表 6-2），上文中资源依赖对区域创新挤出明显的地区存在着外商投资规模相对较小、发展速度慢的问题。纵向比较中西部地区利用外资总量增加的规模和速度都非常可观，但与全国平均水平及东部沿海地区仍有差距，中西部地区实际利用外资比重之和仅占全国的 14.6%，增速较高但总体规模相对较小，与 GDP 规模、增速极度不匹配。究其原因则是利用外资的渠道和模式单一。21 世纪初，资源密集地区以国外贷款为主、外商直接投资及其他方式的投资为辅。2003~2012 年，与全国利用外资模式走向一致，利用外资以对外贷款为主转变为以外商直接投资为主，但受金融危机的影响，不同投资模式都出现了危机后的不同程度的下滑。直至“一带一路”倡议提出，将中西部地区也变为开放腹地，外商投资从规模上大幅增加，从模式上有了更多创新，因此在 2013~2019 年，资源密集地区的外商投资和技术引进呈明显上升趋势。2020 年突发的新冠肺炎疫情使世界经济和全球贸易受到严重冲击，无论是“一带一路”建设还是中西部构建开放型经济体，从 2020 年数据来看均产生断崖式下降。

表 6-2 2018 年外商直接投资企业数和实际利用外资区域分布

地区	企业数	企业数比重（%）	企业数同比（%）	实际使用外资额（亿美元）	实际使用外资比重（%）	实际使用外资额同比（%）
总计	60533	100	69.8	1349.7	100	3.0
东部地区	56524	93.4	75.4	1153.7	85.5	0.7
中部地区	2126	3.5	27.2	98.0	7.3	17.9
西部地区	1883	3.1	6.9	97.9	7.3	20.4

资料来源：商务部外商投资统计。

从总体规律上看，资源密集地区参考东部沿海对外贸易发达地区引用外资的成功模式，大力拓宽外资引进渠道，创新利用外资模式，提高招商引资效率。首先，扩大外资在金融领域的操作范围，允许外资进入证券领域，发挥国内外两个市场在资本领域融合的作用。其次，通过股权投资、TOT、项目融资、PFI、BOT、PPP、ABS 及债券等多渠道创新模式吸引更多外资，从简单的中外合资经营发展到中外合作经营、外商股份制公司、外商独资和其他投资模式，并在此基础上整合、重组进而战略合作，从初期以中外合资经营为主的单一模式发展到现阶段的多元化合作模式。同时，重大项目及国际贸易领域允许并推广票据与贸易融资。在特色优势产业、新兴产业、现代服务业与制造业中择优选取，加强合作、合资及独资的合作方式，实行全方位的开放。此外，在调整产业结构、节能减排、疏解富余产能、激活固有资产等领域充分利用外资和引进技术来摆脱资源依赖。

2. 转变经济增长模式，优化外商投资结构

虽然资源密集地区外资投资领域逐年拓宽扩大，大部分集中在资源密集型产业，随着国家产业政策引导外商投资的方向和结构，范围不断扩展，涉及能源、交通、农牧业等领域，但在全国范围内都表现出投资偏重于能源资源领域。以内蒙古为例，在“十一五”期间表现尤为突出，投资额中制造业占68.8%，第二是煤气、电力及水生产业，第三、第四分别为房地产和社会服务业。2015年外商投资于三产比重为0.3∶85∶14.7。其他资源密集地区对资源密集型产业的外资投资比重也远高于全国平均水平，而在外资对科教的投资比重小，对高新技术产业和现代服务业几乎没有。

资源密集地区外资主要投入制造业特别是资源密集型产业中，如冶金、化工能源、机械等，对于其他产业特别是新兴产业投入甚少，恰与资源依赖对区域创新能力挤出效应的传导机制中资源配置方式影响外资吸引力相匹配，凸显了以下特征：资源型产业大、非资源型产业弱；低端多、高端少；二产比重大、三产比重小，特别是高新技术产业和现代服务业的外资投入力度明显不足；重工业大、轻工业小。外资投入至资源型产业为主的产业更多的是国际资本追求利益的短视行为，无法实现外资的产业框架转变、手段外流以及先进管理观念的效应，与利用外资促进地方经济高质量发展的战略目的不相符，与提升区域创新能力的要求也不相符。

因此从国民经济社会发展的长期战略需要出发，科学引进外商投资，合理引导把控投资方向和结构，将外资用到最适合资源密集地区经济转型升级的领域和行业。要积极通过各类招商引资活动吸引外资企业或合资企业对资源密集地区现有优势产业如能源产业链的延伸、大型设备机械制造和新兴产业（如新能源、汽车制造、生物医药等）直接进行投资，严格把握外资企业生产与环保兼顾的原则。资本与技术引进结合，增强区域内外技术合作与技

术引进，推进企业设备、技术、人才、管理理念的不断增强，以外资促进产业结构转型，以产业结构转型促进区域创新能力提升。

3. 强化利用外资的政府作用

在外资利用上发挥好政府作用，在保护生态环境的基础上，制定相应的市场准入原则和产业制度，从而引导资源密集地区摆脱区域创新能力挤出效应，产业结构优化升级，经济社会持续不断发展。

（1）制定利用外资的鼓励性政策。首先，加大顶层设计对中西部地区的扶持力度，在利用外资进行公共服务和经济发展上给予一定的倾斜。其次，鼓励引导各类金融机构降低门槛，为满足条件的外资项目提供信贷扶持和相关金融服务（刘锴等，2020），对于投资于创新型产业的外资给予更低的门槛和更优惠的政策。再次，在减少用地的前提下，尽可能地提升园区的层次和能级，科学布局合理规划园区建造标准，提高园区的硬件设施和软件服务水平。最后，出台外资引导优化产业结构的政府审核投资项目准则和标准。通过鼓励外资在全产业链特别是创新型产业的投资来驱动区域创新能力发展。

（2）深化利用外资的体制改革。充分发挥政府职能，提高行政效率，增强自身管理与服务能力。不断探索社会主义市场经济体制的改革，充分发挥市场配置资源的决定性作用。从深度和广度上积极探索区域合作，创新合作模式建立共同盈利体。第一，深化政府行政体制改革，增强政府服务职能，简政放权，简化利用外资流程，提高办事效率。第二，创新园区管理体制机制，积极挖掘相邻区域整合资源从而联动发展的潜力，扶持合作共同创建产业园区，探索融合发展机制。第三，积极开展区域合作，建立产业转移和合作平台；统一标准，加大监管力度，尽可能多地争取外资在平台内的投资，在提质增量的过程中更加向创新领域倾斜。

（3）统筹规划利用外资园区。目前资源密集地区利用外资的载体不够完善，产业配套能力欠佳。突出表现在：现有城市密度小，具有规模效益的大城市少，城市体系结构不完善；大量城市出现了产业同构化，城市之间未建立合理的分工系统，同时城市与产业发展不配套直接限制了外资企业的进入；生态约束趋紧；园区数量多但规模小、建设不完善。大量园区的前期规划、中期建设和后期发展情况不尽如人意。

因此需要政府做好统筹规划工作，合理布局产业，引领园区产业转型升级，发展方式从原有资源依赖型转变为集约型，因地制宜突出特色避免重复，加强重点城市地区和产业的集聚性能。第一，园区从建设到发展积极吸引利用外资。第二，在园区前期统筹规划阶段，合理制定产业定位方向，建立产业集聚、因地制宜、用地集约的产业链。第三，合理布局产业，根据国家主体功能区规划要求，在中西部重点培养壮大潜力大、能力强、基础扎实的重点经济区和较大规模城市，一方面通过充分发挥规模效应以增强园区的辐射作用，另一方面以园区为抓手提升产业结构中技术密集型产业的占比。

（4）出台并落实配套的政策措施。财政政策方面，制定优惠财政政策，建立特色产业发展专项资金和利用外资独立资金，抛弃短期追逐 GDP，将投资重点从资源型产业转向非资源型产业，通过外资引导资源密集地区产业结构进一步优化转型；积极吸引外资进入交通、电力等基建领域，完善经济社会综合配套。

金融政策方面，地方政府与金融机构合力通过联席会议机制和货币政策等，大力支持符合产业政策导向和环保要求的产业项目。鼓励地方各类金融机构出省出国，到更大范围的、统一的债券市场、票据市场、外汇市场等投融资项目。建议构建绿色金融支撑体系以解决生态建设资金缺口巨大的问题，如构建绿色财政体系注重中央和地方政府引导，构建绿色信贷体系注重政策性银行和商业银行联动，构建绿色投资体系注重民间资本作为主体，构建绿色基金体系注重社会资本广泛参与。

土地政策方面，可以根据产业项目的需要，适度增加用地规划指标。严格遵循工业用地最低转让价和国家最低价准则，允许工业用地有弹性地转让和年租。提高土地资源的有效配置，更大力度地扶持满足国家产业制度和环保要求的高新技术产业和大型设备制造等项目。

4. 推动战略型联盟与合作

一要加强国企与外企战略合作。正如前文所述，国企是资源型产业的龙头，目前都处在改革攻坚期，利用外资改善国企问题也是重要途径之一。要继续加强外资与内资深层次多领域的合作，促进其对资源密集地区国企转型发展。利用外资加快资源型产业的升级改造，提升产业层次，使加工贸易对本土企业和地方经济获得更多附加值。同时，鼓励本土企业针对新兴产业和高新技术产业找准切入点和连接点，加强与外资企业的全方位战略合作，开拓国内国际市场，促进企业、产业和地方经济的不断发展和良性循环。

二要积极引导鼓励民营企业与外资企业合作。挤出效应强的资源型地区民企融资难的问题尤为突出，引进外资引入既能解决民企资金问题，同时也以开放促改革，在技术进步、管理科学、制定合理的产业发展方向甚至环保方面都能够促进民营企业的发展，从而促进民营企业的产业升级与创新改造，激活地方经济最应该活跃的民营力量。

（三）促进制造业发展

抑制挤出效应的核心环节就是制造业的发展和转型升级。近年来我国制造业综合实力显著增强，2010 年规模超过了美国成为全球制造业第一大国，2016~2019 年制造业增加值年均增长 8.7%，由 20.95 万亿元增至 26.92 万亿元，占全球比重达到 28.1%，但我国制造业存在大而不强的现象，突出表现在自主研发、创新能力相对薄弱，资源消耗大，低端产能过剩，高端供给明显不足等。我国在总体发展格局中存在着较为突出的区域不平衡现象，在资源密集地区工业经济增长换挡由高速转换到了中高速，制造业基础弱、规模小、创新不足、人才匮乏、名优品牌少，资源优势、后发优势逐步失效，产业结构不合理、开发利用水平不足、增长潜力受限等资源对区域创新的挤出效应也日益凸显。因此，当务之急是摆脱资源路径依赖，寻找制造业新动能，构建新型多元、规模大、效率高、创新型的工业体系。

1. 传统产业新型化

在资源禀赋和环境承载能力的基础上保持高端现代能源经济的领先发展地位，建设现代资源型产业示范项目，推动可再生能源产业和循环经济发展。着力打造有色金属生产加工制造和现代煤化工等产业，建立高效完备的研发、生产、组装、服务体系。既要有的放矢发挥比较优势，又要注重产业内部的升级优化，打造高端化、信息化、标准化、智能化、数字化、绿色化的优势产业（赵康杰、刘育波，2019）。加快技术攻关，降低成本，丰富产品，提高产品加工转化率，延伸产业链，提高产品附加值。挖掘新产品、新市场，创建知名龙头企业和绿色品牌。

2. 新兴产业规模化

顺应新一轮工业革命的浪潮，按照“十四五”规划的部署，不同资源密集地区在发挥各自比较优势的同时，重点在以下产业发力，尽可能实现弯道超车：一是大数据产业，依托基地大力发展信息技术、智能制造、云计算等新兴产业。优化云计算数据中心布局，完善信息基础设施，完善工业大数据储存能力，更要提高大数据应用于工业各环节各流程的能力。二是新材料产业和复合材料产业，建设国家材料生产和应用产业基地。发展新能源装备制造如太阳能。三是现代农牧业，加快生产高效智能的农牧业机械与配套先进技术。四是煤化工业，摆脱原有的粗放型生产，推广洁净煤利用技术，实现煤炭节能减排、清洁高效利用。五是生物医药业，加快实施重大新药创制行动，加大科技研发和人才引进投入，突破和掌握关键核心技术，培育和壮大生物医药产业。六是能源资源加工业，基于优势能源资源，生产有自主知识产权的、科技含量较高的深加工产品。七是要充分发挥原料富集配套、能源充沛优惠等优势，发展如陶瓷业、新能源汽车产业等非资源密集型新兴产业。

3. 推动工业化和信息化深度融合，实现“互联网+”制造

企业通过现代化信息技术和智能制造技术更新经营管理理念和营销方式，同时改造生产工艺，推广应用供应链管理系统、生命周期管理系统和客户关系管理系统，完成企业智能化管控。通过工业云平台的创新、推广和应用、实现跨界联合。深度融合互联网和制造业的创新成果，挖掘制造业的创新能力和生产力，构建以互联网为平台、以创新要素为核心的制造业新业态。积极推动大宗工业产品和特色农畜产品在互联网平台上进行大规模交易，从供给侧入手，结合需求端，降成本提效益，扩大优势工业产品交易规模。通过“互联网+制造业”创新营销模式，把互联网作为最便捷的跨境交易平台，积极采用直销电商、跨境电商、社交平台等便捷的网络营销形式（陈亮、冉茂盛，2020）。建设第三方物流、信息平台等基础设施。

4. 加快生产性服务业发展，完善服务配套功能

将信息技术运用于制造业的全过程，特别是重点行业要培养提高信息应用系统的开发设计、综合集成、应用能力。积极使用移动电子商务、在线定制、线上到线下、市场动态监控和预测预警等，让制造业企业与互联网融合衔接。规范业务协作流程，进一步提高研发设计、成果转化、知识产权转移、科技咨询、中介、创业孵化等科技服务水平，提升生产性服务业如第三方物流和电子商务等，大力推动具有地方竞争优势的生产性服务业，尽快完善作

为产业转移承接地的各项服务配套设施。

5. 推动园区转型升级，主动承接产业转移

建立灵活多样的合作机制体制，合作共同建设工业园区实现集聚发展，以顺利完成合理可持续的产业承接。通过补齐制造业产业承接方面的短板倒逼资源型制造业改造升级。建设公共基础设施，搭建公共服务平台，改造升级原有传统工业园区，合理布局集约高效、协调优化的园区产业。

（四）提高市场化水平

1. 提高市场化发展水平，促进多种所有制共同发展

作为市场经济发展的主体，企业最需要提高市场化发展水平以增强市场活力。通过推动企业市场化改革，提高行业竞争能力，增加企业经营效益，投资主体参股多元化，完善合理的产权结构，以实现资源的优化配置，真正实现社会主义市场经济体制在新常态下的发展和完善。多种所有制共同发展，加大扶持力度，积极推动个体私营经济、外贸经济等所有制形式及非国有制经济的公有制经济形式进一步发展，不断提高市场化的公平性竞争水平。围绕提质增效全面深化国企改革，抓大放小、抓重放轻（曲永义，2009），让出适当市场份额，使竞争主体更加多元化，从而提高市场机制运转效率和水平，在公平竞争的市场环境中所有创新主体以市场需求为导向，更为积极、更为有效、更为公平地从事创新活动。

2. 培育开拓市场，健全完善市场体系

通过市场吸引国内外的投资者、生产者、销售者、消费者，培育资源密集地区较为缺乏的期货市场、技术信息市场，利用区位优势和资源优势开拓更广范围的市场，提高经济市场化程度。对于中西部欠发达地区，先从发展一般市场起步，引导贫困、封闭地区树立现代化市场意识，刺激交换、发展

生产，特别要重视发展具有优势的农村市场。开拓市场积极融入国内国际双循环格局，获取更多生产要素特别是创新要素。

3. 转变政府职能，构建服务型政府

全面深化体制机制改革，探索部分政府职能市场化，防止腐败、寻租等现象，建立亲清政商关系，为企业打造更为优化的营商环境，促进市场化水平的进一步提升。继续推进政府减政放权，降低行政成本，提高运行效率，提高政府的公正性和公信力。盘活市场经济，尽可能释放改革红利，探索政府购买第三方服务方式的发展，提高政府职能市场化发展。发挥政府在扶持创新发展过程中的政策、财政等支持引导服务作用。

4. 理顺价格体系，充分发挥价格作用

目前国内市场上存在的价格体系不合理、农产品及部分基础工业产品价格过低问题，导致以这些产品作为核心竞争力的资源密集地区难以从能源资源、农业等传统领域中获取合理的收益。因此，急需理顺主导产业的价格体系，从原有计划经济导致的价格扭曲中走出来，转变为遵循市场价值规律的合理价格体系。部分国家定价的产品应根据其偏离价值程度逐步提价，从而使各类产品比价逐步趋于合理，符合市场规律，降低经济社会发展成本，使创新型产业能够在更为公平的市场环境中以最为优惠的价格获取创新资源。

5. 加大招商引资力度，提升外向型经济水平

借助“一带一路”、西部大开发、京津冀协同发展、东北老工业基地振兴计划等区域协调发展战略的政策优势，充分利用区位优势和资源优势，打造承接国内外产业转移聚集区，全方位加大对外招商引资和招才引智力度，优化利用外资结构，提高外资利用效率，提升中西部地区外向型经济水平，进而形成“北上南下、东进西出、内外联动、八面来风”的全方位对外开放新格局，促进国内外省内外人才、资本、技术和管理等创新要素自由流通。

6. 改革投融资体制，发挥多渠道资本作用

我国目前投资领域开放程度有限，资源型产业大多由国家投资经营，国家垄断比重过大，且主要投资渠道为政府和银行，大多 PPP 项目社会资本方也变相成为主要由央企参与的投资模式，社会资本较难进入；外商投资审批权限存在地域差距，欠发达地区愈加难以吸引外商进入。进一步深化投融资制度改革是解决资源密集地区经济社会发展问题的重要一环，应进一步开放投融资领域，在资源开发、能源经济及农业、基础设施建设、民生等领域吸引更多国内外资本投资；鼓励社会资本参与投融资，下放投资审批权，建立公平合理的市场环境，发挥多渠道资本作用，促进资金链与创新链有效衔接，为经济发展和创新事业奠定充足的物质基础。

7. 全面深化改革，优化营商环境

营商环境是一个地方的重要软实力，优化营商环境就是解放生产力，就是提高综合竞争力。从表 6-3 中可以看出上述挤出效应与营商环境基本成反比，中西部地区挤出效应明显，营商环境排名较靠后，特别是山西、内蒙古、东北地区和广西等地反比现象非常明显。资源密集地区大多属于欠发达地区，位置偏远，经济基础较为薄弱，基础设施相对落后，资本领域、金融行业与发达地区存在巨大差距，投资综合环境不优，对外资企业吸引力较差，存在着行政效率低下、服务平台落后、政策难以落实、创新型人才吸引力差的种种问题。

表 6-3 各省份营商环境评价等级分类

等级	分数	排名	水平	省级行政区
A+	>75	1~2	标杆	北京、上海
A	65~75	3~4	领先	广东、四川
A-	60~65	5~7	前列	江苏、重庆、浙江

续表

等级	分数	排名	水平	省级行政区
B+	55~60	8~12	中上	安徽、山东、贵州、河南、海南
B	50~55	13~20	中等	江西、福建、云南、河北、湖北、天津、宁夏、吉林
B-	40~50	21~29	落后	黑龙江、辽宁、山西、陕西、内蒙古、湖南、新疆、青海、甘肃
C	30~40	30~31	托底	广西、西藏

资料来源：北大光华管理学院《中国省份营商环境研究报告 2020》。

持续优化营商环境是我国近年来在推动高质量发展和建设现代化经济体系中非常重视的一项工作，各地方围绕自身情况分析了存在的实际问题和相应的对策建议，总结来看聚焦四点：一是规范政府履职行为。围绕充分发挥市场在资源配置中的决定性作用、更好地发挥政府作用，厘清政府职责和市场边界，出台和实施政府部门权责清单制度，做到“清单之外无权力”“法无授权不可为”，规范和约束政府履职行为，提高政务效率。二是完善产权保护制度。严格落实以公平为原则的产权保护制度，依法平等保护各类产权，严格保护物权、债权、股权、知识产权及其他各种无形财产权，依法保护企业经营者人身和财产安全。坚决纠正涉企冤假错案，依法及时处理产权纠纷案件，稳定和改善市场主体预期，充分激发和增强各类经济主体创业创新动力。三是深化要素市场化改革。保障各类市场主体依法平等使用资金、技术、人力资源、土地使用权及其他自然资源等各类生产要素和公共服务资源，建立健全便捷高效的要素交易机制，依法促进各类生产要素自由流动，发挥市场在要素配置中的决定性作用，实现要素价格市场决定、流动自主有序、配置高效公平。四是推进简政放权。进一步放宽市场准入，缩减市场准入负面清单事项，清单之外不得另设门槛和隐性限制，各类市场主体享受平等的准入标准和优惠政策。推进产业政策由差异化、选择性向普惠性化、功能性转变，全面清理违反公平、开放、透明市场规则的政策文件。通过全面深化改革、优化营商环境为创新要素和各类创新主体特别是企业营造更为公平的市场环境。

三、政策体系构建

资源密集地区在经济发展的过程中，依托资源禀赋优势，倾向于优先发展资源型产业，形成以资源型产业为主导的产业结构，对于区域创新能力的挤出效应会愈发严重，进而更容易出现典型的路径依赖特征。这种资源型产业所主导的路径依赖发展到一定程度，便会形成所谓的路径锁定效应，在没有外力作用的情况下，经济系统会继续沿着原有的路径发展，区域创新环境在其影响下会更加恶劣，很难被创新驱动的潜在更优的经济系统取代，即资源型经济具有很强的自我强化机制（韦铁，2016）。当前，部分典型资源密集地区已经出现了较为严重的区域创新能力挤出效应现象，在发展过程中过分依赖资源开发，不重视资源的科学合理利用和技术创新后的高效利用，忽视高新技术产业、现代服务业发展，导致产业结构失衡，煤炭、有色金属等资源型产业比重偏高且产业链层次受创新研发能力限制处于较低环节，而非资源型产业、现代服务业、战略性新兴产业等产业发展存在突出短板，并且带来了环境污染、生态破坏、市场化进程缓慢等一系列经济社会问题。在这种情况下，要提升经济发展质量，改变发展动力必须由政府通过发展战略规划、创新政策和其他配套政策实施作为外力打破资源型经济自强机制，破解资源对区域创新的挤出效应，促进资源密集地区实现由资源主导经济向创新

驱动发展的更有竞争力且更为持续的经济体系演变。

（一）发展战略规划

从地区发展战略层面来看，区域创新的挤出现象归根结底由其粗放型的经济发展方式所致，因此破解挤出效应必须从地区发展战略的高度对经济发展转方式、调结构、换动力进行谋篇布局，从根本上扭转经济增长方式粗放、产业结构不合理、过度依赖资源要素拉动增长的局面，实现发展方式由粗放型和外延型向创新型、集约型和内涵型转变。

（1）在区域范围内实现生产要素优化配置，通过相关政策引导资金、人才、技术由高污染、高能耗的资源型产业逐步退出，重新引入科技含量高、附加价值高、环境污染少的高端装备制造业、高新技术产业等新兴产业，逐步减弱经济增长对自然资源的高度依赖性。通过相关政策促进技术创新、产品创新、管理模式创新，进而通过技术进步促进区域全要素生产率增长，提高全要素生产率增长对经济发展的贡献份额（钞小静、任保平，2008），改善要素禀赋结构，提升经济发展的质量和效益，促进发展方式由粗放型向集约型转变。进一步优化产业结构，适当降低资源型产业在产业结构中所占份额，提高高新技术产业、现代服务业等产业所占比重，推动产业结构高级化演进。

（2）把创新摆在发展全局的核心位置，实施创新驱动发展战略，加快形成创新驱动发展格局。以税收优惠、减免或研究开发财政拨款、补贴等形式为创新提供激励；实施以创造或者扩大对创新产品市场需求为目标的政府采购政策；在创新成果产业化萌芽时期，发挥创新政策在融资方面的关键促进作用；构建现代科技服务业体系，创新发展生产力促进体系，培育科技服务新业态；深化科技对外开放，完善科技创新开放合作机制，推进科技合作项目和平台建设；改革科技投入体制机制，提高研发资金使用效率，加强知识产权保护力度，提升知识产权附加价值。

（3）树立“绿水青山就是金山银山”的发展理念，推进绿色循环低碳发展，通过技术创新、理念创新、管理创新追求经济增长和生态环境的均衡发展，兼顾经济发展和生态环境保护。发展绿色经济，推进绿色转型，把生态文明建设理念贯穿于经济社会发展全过程。加强生态保护和建设，实施生态补偿机制，提高生态补奖标准。加大环境保护力度，构建绿色生态矿区，推广绿色清洁生产；加强环境污染治理，推进燃煤电厂超低排放改造，推进低碳循环发展；强化水体综合整治，实现重点流域水污染联防共治（钞小静、任保平，2011）。从而避免自然资源不合理不科学开采所造成的环境污染、生态破坏对投资环境的弱化效应，优化投资环境，增强投资环境对外来投资、技术和人才的吸引力，同时避免自然资源过度开采造成的资源枯竭问题发生，增强经济发展和区域创新能力增长的可持续性。

（4）顺应经济全球化的要求与趋势，积极融入以国内大循环为主体、国内国际双循环相互促进的新发展格局。深入贯彻国家“一带一路”倡议，将区域经济与世界经济进行深度融合，边疆地区和内陆腹地不断推进周边地区和其他国家的交流合作，不断创新合作机制，提升对外开放水平。扩大短缺资源性商品、关键零部件以及先进技术装备进口，同时加强国际间产能合作，支持产能过剩企业走出去，充分利用国际市场化解富裕产能。在深化对外开放的同时扩大以国内区域分工协作为重点的对内开放。充分发挥电力、土地等能源资源优势通过共建园区方式促进承接高水平非资源型产业转移，通过清洁能源基地平台建设加强与京津冀、长三角、粤港澳等区域合作和交流，在低碳化和绿色化转型过程中统筹能源经济的安全与发展。

（5）加快市场化改革步伐，促进非公有制经济蓬勃发展。充分激发企业

家精神和提高创新创业积极性，强化对企业家创新和产权收益的保护力度。围绕降低企业生产要素成本这一重点继续完善市场决定价格的体制机制。由于大部分能源资源开采由国有企业承担，长期以来国有企业运营效率低下问题备受诟病，因此需要以市场为导向，推进国企混合所有制试点，支持鼓励社会资本参与国企产权制度改革，同时进一步建立完善资源型企业的现代企业制度，从产权结构、企业经营管理等多方面共同促进资源型产业运营效率提升。

（二）创新政策

挤出效应现象的突出表现是产业结构较为单一、技术密集型产业和高附加值产业难以形成，其中科技创新能力低下是重要原因之一。因此应根据产业发展需要，有针对性地出台相关的创新政策，推动产业发展中的创新要素集聚、配套和升级。创新政策应聚焦以下几个重要方面：

（1）加强基础科学研究。依据基础科学发展趋势和基础科学发展水平，加大基础研究政策支持力度，逐步摆脱主要依靠外来技术的局面，优化基础科学布局，提高原始创新能力，培育一批优势学科和自主创新基地，增加自主知识产权和核心技术储备。

（2）强化企业创新主体地位。加大对企业研发机构建设的支持力度，鼓励企业自行组建科研机构，与高等院校共建研发机构。通过实施企业技术创新工程，设立科技创新引导奖励资金、中小企业创新基金等专项资金，引导各类创新要素向企业集聚，培育一批具有自主知识产权和持续创新能力的创新型企业。通过购买公共服务等方式，构建为科技型中小企业创新不同环节、不同阶段提供服务的专业化、网络化平台。

（3）提高科技投入水平。发挥好国家与地方财政科技投入的引导激励作用和市场配置各类创新要素的导向作用，激励企业加大科技投入。健全多元化科技投融资机制，形成财政资金、金融资本、社会资本多方投入格局。

（4）强化创新平台建设。实施科技创新平台升级工程，扩大创新主体规模，构建与产业转型升级紧密相关的创新平台载体新框架，实现创新资源的整合集聚和高效配置，体现相对产业规模优势和技术集成特征，促进科技创新由粗放型向规模化、集约化、配套化转变。发展产业技术创新战略联盟和构建产业技术创新链，会聚行业高端人才、前沿技术、先进创新能力。

（5）深化科技对外开放。完善科技创新开放合作机制，推进科技合作项目与平台建设。引导和支持国际科技合作基地建设和项目实施，发挥同创新发达国家资源与技术互补优势，在煤清洁高效利用、新能源、现代煤化工、节能环保等领域开展项目合作，同时鼓励引进国外先进成果和创新资源，提升科技对外开放的国际影响力。

（6）强化知识产权保护。完善有利于知识产权创造、运用、保护和管理的政策法规体系建设，加大专利保护力度，开展知识产权保护规范化市场培训。

（三）产业政策

产业是现代化经济体系发展的重要载体，同时也是破解区域创新挤出效应的重要抓手和着力点。通过产业结构调整政策，推进资源密集地区产业结构向合理化和高级化的方向演进，实现三次产业协调发展，形成以现代能源经济为优势、以高新技术产业为先导、以先进制造业为支撑、现代服务业全面发展的产业格局（谢千里等，2011）。对于因市场情况变化、资源趋于枯竭等形成的衰退产业，政府应当通过衰退产业援助政策引导其逐步退出市场或者进行产业链延伸，从而防止这些产业短期内衰退所造成的经济波动，为

经济平稳转型创造稳定环境。对于高耗能、高污染的传统资源型产业，应当通过产业政策逐步推动其向技术密集且节能环保的方向发展。对于科技含量高、经济附加值高、市场前景好的新兴产业，政府可以通过给予税收优惠、财政补贴、人才吸引、配套基础设施建设等新兴产业培育政策推动资源密集地区在破解挤出效应过程中更好更快地跨过经济转型过渡期和创新能力提升的瓶颈期，形成更具竞争力的产业结构体系和更具潜力的区域创新驱动力。

资源密集地区在破解区域创新挤出效应的过程中应通过实施差别化、精准化的产业政策在以下几个方面重点发力：

（1）传统产业转型升级。严格控制资源型产业单纯规模扩张，提高资源深加工水平，突出发展资源延伸加工产业，延伸产业链条。开展能源高效利用科技攻关，推动装备改进升级。鼓励煤炭、冶金、化工、建材、电力企业横向联合，支持煤炭生产与转化企业纵向重组，构建煤电用、选冶加一体化产业链，加快培育产业链竞争整体优势。加大对传统产业技术改造升级的力度，促进传统产业竞争力提升，推动现代煤化工向下游环节拓展产业链条、装备制造和有色金属加工生产向价值链高端环节攀升、产品加工生产向终端环节延伸。对于那些排放超标、技术落后、产能过剩严重的企业，在取消各类地方保护性措施的基础上加大整改力度倒逼其转型升级或通过完善行业退出机制使其退出市场。

（2）培育和发展战略性新兴产业。通过特色产业链培育和重大工程实施，培育和发展新能源、新材料、节能环保、煤炭清洁高效利用、先进装备制造、电子信息、生物等战略性新兴产业集群，将战略性新兴产业培育打造成为新的支柱产业。此外，深度融入智能制造、工业强基、绿色制造、高端装备创新等国家重大战略工程，大力推进协同制造、智能制造和绿色制造，做大做强装备制造业，强化装备制造基础能力，推进装备制造业绿色改造升级，建设一批高技术水平的装备制造产业园区。

（3）发展现代服务业。推动服务业与第一、第二产业融合，使现代服务业与现代制造业相融合，与现代农业相配套。生活性服务业应向高品质和精细化方向提升，生产性服务业向价值链高端与专业化方向延伸推进。其中，生产性服务业应将重点放在发展金融、现代物流、科技服务和培育多层次资本市场等方面。生活性服务业应重点发展旅游、养老、健康、商贸流通等行业。完善服务业发展支持政策，设立服务业发展基金。打造一批科技创业园区、物流园区、商贸功能区等服务业集聚区，促进企业集中、产业集聚、规模化经营以及资源共享。

（四）人才政策

人才是提升区域创新能力的第一动力。无论是传统资源型产业转型升级还是战略性新兴产业的培育都离不开高质量的人力资本积累，人力资本水平越高对区域创新能力提升和地区产业转型升级的智力支持作用越强，而人力资本的积累需要相应的人才政策助推。因此，资源密集地区在破解挤出效应的过程中应重视发挥人才政策的积极作用，以高层次创新型人才、急需紧缺专业人才为重点，以重大人才工作项目为依托，实施人才体制机制创新，提升人才发展的基础保障能力，在重点产业领域培养一批高技能与创新型人才。通过系统实施人才政策促进人力资本水平提升与人才结构优化，为产业转型升级提供人才支撑，助力区域创新挤出效应的破解。具体来讲可从以下两方面入手：

（1）促进人才投资优先保证政策。一方面，政府应加大教育、科技、文化、人才服务等领域的财政支出力度，提高人力资本投资比重。建立人才发展专项资金，保证人才发展重大项目实施。另一方面，综合运用财税、贴息等一系列政策工具引导企业提高人力资本开发投入力度，从而形成以政府投入为主导、企业投入为主体、社会投入为补充的多元化多层次人力资本投入新机制。同时，优化人才发展环境，加强人才服务，充分调动人才创新创业的积极性。

（2）产学研合作培养创新人才政策。建立健全科研机构、高校与企业之间交流合作体制机制，鼓励企业与科研机构、高等院校通过共建研发中心、实验室或共同承担重大科研项目等多种形式，培养高水平创新型人才、高技能人才和创新型团队。鼓励从事产学研成果转化运用的专业服务机构发展，推动人才开发与产业发展深度融合。

（五）环保政策

资源密集地区区域创新能力挤出效应主要来源于对煤炭等能源资源开采生产的高度依赖，不合理不科学的资源开采除了会对区域创新产生负面影响外，还会对生态环境产生严重的影响，导致土壤、大气和水资源污染、生物多样性破坏、地质灾害等一系列生态环境问题，进而影响区域经济发展和创新资源的吸引力，因此在破解挤出效应、减弱对生态环境的负面影响时需要相应的环保政策支持。

（1）强化环境保护。以《中华人民共和国环境保护法》及相关法律法规立法与修订为基础，完善环境保护方面法规、规章体系。严格执行《环境保护法》，建立重污染产能退出机制，加大对煤炭、钢铁等重点高能耗、高污染行业的环境执法力度并强化环保执法监督，取缔不符合产业政策的严重污染环境的企业，关闭淘汰长期超标排放且无治理能力的企业，从而实现将资源型企业环境污染的外部性内部化，提高环境违法违规成本，以此增强企业减排降污的积极性，倒逼资源型产业进行绿色升级改造。此外，加强历史遗留工矿的综合整治，对资源开发造成环境污染和生态破坏的区域加大污染治理力度和生态修复工作，防止新的工矿业环境隐患。

（2）推行清洁化改造。例如，煤炭行业要提高煤炭洗选比例，新建高硫分、高灰分煤矿需同步建设煤炭洗选设施。大力推进煤炭清洁化利用，通过技术改造降低企业排污强度。此外要加快管网建设，提高天然气、液化石油气、煤制天然气等清洁能源使用比例，合理有序地发展风能、太阳能、生物质能等可再生能源。

（3）加强环境风险管控。将环境风险管控纳入常态化管理，推动环境风险防控由事后应急管理向全过程管控转变，实现事前严防严控，事中响应、事后追责赔偿。

（4）创新环境管理模式。一是建立环境保护市场机制，如推行排污权交易制度，建立生态保护补偿机制，对造成生态系统破坏的资源型产业及其关联产业收取生态补偿费用，探索建立生态保护补偿基金以及政府与社会资本合作开展生态补偿模式。二是加强生态环境大数据应用。在重点区域、重点行业等方面开展大数据分析与应用，将成果应用于环境质量自动监测、重点企业在线监控、环境监管执法、环保目标考核、环评审批和管理、环境信用评价等领域，为各类标准、规范和空间管制方式的改进提供数据支持。创新区域环境治理一体化、环保“互联网+”、环保物联网等污染治理与管理模式。总之，通过使用多种政策手段对资源依赖对区域创新挤出带来的环境污染和生态破坏问题进行有效治理。

（六）土地政策

破解挤出效应需要降低区域经济发展对资源型产业的高度依赖，调整单一的产业结构，促进多元化产业体系发展，这需要配套相应的土地政策支持。

（1）推动土地政策完善，适当给予创新型战略性新兴产业、非资源型产业项目用地一定的土地政策倾斜，提高其用地比例。此外，要提高土地规划的前瞻性和科学性，防止土地用途变更所导致的套利行为出现。

（2）新增的建设用地计划指标应向重点工业园区集中，以此激励资源类项目园区化集聚，在提高土地集约利用水平的同时促进资源型产业集聚发展。对于进入园区的国家重大能源、资源深加工产业基地在用地方面给予一定的政策支持。

（3）对战略性新兴产业、循环经济产业以及其他接续替代产业应给予差别化的土地政策。例如，对以新能源产业为接替产业的城市，允许新能源产业用地中的非永久性建筑用地参照设施农业用地实行供地。对国家重点支持的循环经济试验区，尤其是生态脆弱区，应在绿化用地供给方面给予一定的政策倾斜。

（4）从土地政策方面严格限制破坏生态环境的行为，鼓励环境保护行为。例如，对污染物排放量大、严重损害生态环境的资源类项目实施禁止土地供给的政策。同时，在绿化用地供给方面提供政策激励，将企业用于绿化的土地作为实施生态工程用地纳入国家土地划拨政策范围。

（七）社会保障体系

在破解区域创新挤出效应、优化区域创新生态、通过推动资源型产业转型升级以及发展战略性新兴产业和其他非资源型产业来减少资源依赖的过程中不可避免地会带来大量人员流动。尤其是当前煤炭、钢铁等产能过剩行业在去产能过程中将面临人员安置问题，下岗人员安置如若处理不当，则会对地区社会稳定造成严重的负面影响。因此，资源密集地区应进一步完善社会保障体系建设，保障破解挤出效应的过程中就业结构顺利转型以及维护地区社会和谐稳定。具体来讲可从以下四个方面入手：①按照企业主体、地方组织的原则，鼓励支持资源型企业多渠道分流安置富余员工。强制规定资源型企业预留一定比例的资源性收益保障转型企业从业人员的社保费缴纳，破产重组企业变现资产中划出一部分优先用于员工的社保费缴纳。②实施再就业帮扶计划，将淘汰落后产能、化解过剩产能过程中的失业人员纳入就业创业政策扶持体系，加大对就业困难人员和失业人员的就业帮扶力度，强化职业培训、职业指导，提高就业创业能力和职业转换能力。③充分发挥政府投资的引导作用，通过政府和社会资本合作（PPP）等多种形式，有序、有效引导并带动社会资本扩大就业创业服务供给。④强化失业监测预警，构建失业人员监测预警体系并完善应急处置体制机制，加强对重点地区和行业规模性失业的监测力度。

此外，资源密集地区还需要进一步深化经济体制改革（包括完善现代市场体系、完善产权保护制度、深化财税体制改革、深化国有企业改革、创新金融体制机制等）和行政管理体制改革（包括加快政府职能转变、深化行政审批制度改革、推进投资体制改革等），使市场在资源配置中起决定性作用和更好地发挥政府作用相得益彰，为资源依赖挤出区域创新问题的成功破解以及区域经济顺利转型提供体制机制保障。

本章小结

本章首先对欧洲、日本、印度等国家在破解资源依赖挤出区域创新上的成功经验进行了梳理和总结，并提出可供借鉴和复制的做法与启示。其次，

基于前文实证检验所识别出的资源密集地区区域创新能力挤出特有的传导机制分别从加大区域创新力度、提高对外开放程度、促进制造业发展、提高市场化水平四个方面给出具有针对性的破解路径设计。最后，为了实现资源密集地区区域创新能力挤出问题成功破解、发展动力转换升级和经济质量效率提升，围绕创新、产业、人才、环保、土地政策等方面综合设计了一套具有较强针对性和可操作性的政策保障体系。

由于资源依赖对区域创新挤出效应的破解是一项极其复杂的系统工程，因此破解挤出效应既需要从地区发展战略的高度进行顶层设计，从转变经济发展方式、优化经济结构、转换增长动力等多方面统筹安排、协同推进，又需要具有针对性的创新政策与产业政策为抓手和相应的各项保障政策做支撑，更需要体制机制改革提供制度保障。通过统筹谋划、综合施策、各项改革协调推进，才能减少挤出效应，提升区域创新能力，实现经济转型升级。

第七章　结论与展望

一、主要结论

本书以资源依赖对区域创新的挤出效应及其内部传导机制作为研究对象，通过相关文献梳理，首先对相关概念进行界定，其次对资源密集地区区域创新能力的挤出效应进行检验与测度，探讨两者相互作用和挤出效应的形成机理，最后提出我国资源型地区破解资源依赖对区域创新能力挤出效应的路径和政策建议。主要结论如下：

第一，从我国各省份资源型产业规模与经济增速、创新研发投入、产业结构变迁、生态环境、民生社会事业发展的关系来看，自21世纪以来我国资源密集地区对资源型产业特别是初级采矿业的过度依赖，对经济增长产生了巨大的下行压力，进而对地区研发投入与创新能力产生了负面影响，对产业结构优化和生态环境保护也有一定制约。资源型产业对要素资源的“虹吸效应”造成资源密集地区长期存在民生事业投入不足、基础薄弱、与经济体量不匹配的问题。通过以上现象得出，在我国范围内存在资源依赖对包括区域创新等多领域的挤出现象。

第二，在挤出效应的存在性检验方面，得出以下结论：①系统 GMM 估计结果显示，对资源型产业的过度依赖不利于区域创新能力增长，挤出效应得到验证。在影响区域创新能力的各因素中，物质资本投资、人力资本积累、对外开放水平以及市场化程度均对其产生了积极的正向作用。制造业发展对创新能力的促进作用并不显著，这一结果表明自 21 世纪以来我国大部分地区特别是资源密集地区发展仍属于资源能源导向的粗放型增长方式，过度依赖资源抑制了企业从事科技创新活动和技术进步的积极性，同时生产要素资源会被大量的资源型行业吸引占用，并在一定程度上对制造业发展产生挤出效应，使制造业发展尚未显著推动区域创新能力提高。②脉冲响应函数的分析结果显示，区域创新能力指数对资源诅咒指数的脉冲响应在很短时间后就转为负值，这表明从长期来看，资源依赖对区域创新发展会随着时间推移逐步显现出不利影响。同时区域创新能力指数的系统冲击对资源诅咒指数很快就产生负向影响，这意味着区域创新能力的下降会进一步导致本地区更加依赖资源，区域创新能力提升有助于摆脱资源依赖。根据这一实证结果，两者互相产生负向影响，极易形成恶性循环。若资源密集地区继续固化原有的资源型分工，无法转变资源导向型发展模式的路径依赖，不及时寻求新的发展方式、发展驱动力，则难以提升其区域创新能力，也就是抑制未来经济持续增长的潜力和动力，更难以实现经济社会的高质量发展。③资源密集地区需从调整产业结构和实施创新驱动发展战略两方面同时入手：转变经济发展方式，主动摆脱资源路径依赖，通过发展理念的更新、利益格局的调整、产业结构的升级等一系列方法减少本地区发展对资源的依赖程度，即降低资源密集型产业比重，提升技术密集型产业比重，在产业和企业发展中提升区域创新能力；同时需要大力实施创新驱动发展战略，通过加大创新投入、人才培养、提供制度、营造氛围等方式，使本地区获得持续发展和高质量发展的根本驱动力——区域创新能力。两者能够形成良性循环，确保未来区域发展的增量、结构、质量和可持续性。

第三，在挤出效应的测度方面，得出以下结论：①我国资源依赖对区域创新能力挤出效应在2001~2018年呈下降趋势，说明从总体上来看，在资源依赖程度下降和国家创新能力不断提升的情况下，挤出效应即资源对创新能力提升的副作用逐步缩小，意味着资源依赖对我国提升创新能力的负面影响逐步减小，资源对于我国国家创新能力的提升逐渐开始由“诅咒”转为“福音”，这直接受益于实施创新驱动发展战略、加大重视生态文明建设、优化升级产业结构和由粗放型向集约型转变的高质量发展。②资源依赖对区域创新能力的挤出效应在我国不同省份不同地区表现的程度不尽相同，可以分为挤出效应高危区、挤出效应严重区、挤出效应中危区和挤出效应低危区四类。东部、中部、西部和东北地区四个区域资源依赖对区域创新能力的挤出效应呈现明显不同。其中东部地区有限的资源对于区域创新能力几乎没有挤出效应；中部地区挤出效应普遍适中，在发展过程中资源丰裕作为一项优势吸引了提升区域创新能力的各项要素聚集，区域创新能力居中；西部地区挤出效应普遍较强，资源相对富集，经济发展和产业结构普遍趋于粗放型资源密集型，进入传统发展路径依赖，忽视了原本薄弱的区域创新发展，从区域创新能力的结果上看存在较大的挤出现象，因此在新一轮区域竞争中出现了较大劣势；东北地区挤出效应前弱后强，总体居中，近年由于产业结构对资源的依赖，出现了较为严重的经济衰退和人才流失问题，区域创新能力下降比较明显，开始显现出资源依赖对于区域创新能力的较强挤出效应。

第四，在挤出效应的传导机制方面，得出以下结论：①系统 GMM 的估计结果显示：对资源型产业的依赖对地区提升创新能力积累了物质资本产生了一定程度的促进作用，但对人力资本积累、对外开放水平、制造业发展、市场化程度均产生了不同程度的不利影响。控制变量方面：居民储蓄水平的提高有助于促进物质资本投资水平的上升；政府对教育投入力度加大，人均教育事业费增加有助于人力资本水平的提高；基础设施条件的完善能够通过吸引外商直接投资提高区域对外开放水平；劳动力成本的上升不利于制造业发展；加大政府干预不利于提升资源密集地区市场化水平。②由于人力资本积累、对外开放、制造业发展、市场化水平提高能够正向促进区域创新能力，因此资源依赖通过人力资本、对外开放、制造业发展以及市场化水平间接挤出区域创新。由此可见，资源依赖所引发的区域创新能力挤出效应的具体传导机制包括人力资本、对外开放、制造业发展和市场化水平四个主要因素。

第五，在破解挤出效应的路径设计方面：梳理欧洲、日本、印度破解挤出效应的经典模式，总结出政府市场共同发力、科学选择替代产业、构建产业政策体系、生态环境治理、循序渐进原则、发挥各类主体在创新系统中的作用等经验做法。同时，针对我国资源密集地区区域创新能力挤出的四条具体传导机制，分别从加大区域创新力度、提高对外开放水平、促进制造业发展水平、提高市场化程度四个方面给出具有针对性的破解路径设计。为了实现资源密集地区区域创新能力挤出问题成功破解、发展动力转换升级和经济质量效率提升，围绕创新、产业、人才、环保、土地政策等方面综合设计了一套具有较强针对性和可操作性的政策保障体系。

二、不足与展望

第一，本书选取的研究对象为资源依赖和区域创新两者的关系，数据多来源于统计年鉴和历年区域创新评估数据，因此样本数据周期和范围受限不够丰富，仅使用了 2001～2018 年我国 30 个省级（除港澳台藏）层面数据，并且衡量部分变量时选用了替代指标，故所得结果与现实情况难免存在一定偏差。后续研究会继续跟进并进行相关数据搜集，以求进一步增强计量回归结果的有效性和解释力。

第二，本书构建挤出效应的传导机制时，认为应包括环境保护力度这一指标，但衡量各地区环保力度时在选取指标和选择时间上收集较为困难，因此可能会产生一定程度的偏离，有待后续研究将环保因素纳入传导机制并进一步完善。

第三，由于破解区域创新能力挤出问题是一项极其复杂的系统工程，既需要从地区发展战略的高度进行顶层设计，从转变经济发展方式、优化经济结构、转换增长动力等方面统筹安排、协同推进，又需要认识到不仅要从提升区域创新能力入手，还要将区域创新和产业转型、经济发展相衔接，用针对性的创新政策和产业政策作为抓手，用各项政策作为支撑，更需要体制机制改革作为保障。本书提出的政策体系框架仍较为粗略，对破解资源依赖对区域创新能力挤出效应中划分政府与市场职能和相关体制机制改革探讨不够深入，需要后续通过针对资源密集地区提升区域创新能力与经济转型升级的路径设计与体制机制改革进行更加深入系统的研究。

参考文献

[1] Acemoglu D. , Johnson S. , Robinson J. A. Reversal of Fortune: Geography and Institutions in the Making of the Modern World Income Distribution [J] . The Quarterly Journal of Economics, 2002, 117 (4): 1231-1294.

[2] Arellano M. , Bond S. Some Tests of Specification for Panel Data: Monte Carlo Evidence and an Application to Employment Equations [J] . Review of Economic Studies, 1991, 58 (2): 277-297.

[3] Auty R. M. Sustaining Development in Resource Economies: The Resource Curse Thesis [M] . London, UK: Taylor & Francis Group, 1993: 23-60.

[4] Babeau A. , Denison E. F. , Poullier J. P. Why Growth Rates Differ, Postwar Experience in Nine Western Countries [J] . Revue Économique, 1967, 20 (5): 915-917.

[5] Baland J. M, Francois P. Rent-seeking and Resource Booms [J] . Journal of Development Economics, 2000, 61 (2): 527-542.

[6] Blundell R. , Bond S. Initial Conditions and Moment Restrictions in Dynamic Panel Data Models [J] . Journal of Econometrics, 1998, 87 (1):

115–143.

[7] Brunnschweiler C. N. , Bulte E. H. The Resource Curse Revisited and Revised: A Tale of Paradoxes and Red Herrings [J] . Journal of Environmental Economics and Management, 2008, 55 (3): 248–264.

[8] Cameron A. C. , Trivedi P. K. Microeconometrics with STATA [M] . College Station, TX: StataCorp LP, 2009.

[9] Cerny A. , Filer R. K. Natural Resources: Are They Really a Curse? [J] . Ssrn Electronic Journal, 2007, 11 (wp321): 291–320 (30) .

[10] Corden W. M. Booming Sector and Dutch Disease Economics: A Survey [R] . Working Paper 79. The Australian National University, Canberra, 1982.

[11] Ding N. , Field B. C. Natural Resource Abundance and Economic Growths [J] . Land Economics, 2005, 81 (4): 496–502.

[12] Easterly W. The Elusive Quest for Growth: Economists' Adventures and Misadventures in the Tropics [J] . Public Choice, 2002, 30 (1): 220–222.

[13] Gylfason T. Natural Resources, Education, and Economic Development [J] . European economic review, 2001, 45 (4): 847–859.

[14] Gylfason T. , Zoega G. Natural Resources and Economic Growth: The Role of Investment [J] . The World Economy, 2006, 29 (8): 1091–1115.

[15] Habakkuk H. J. American and British Technology in the Nineteenth Century: The Search for Labour Saving Inventions [M] . Cambridge: Cambridge University Press, 1962.

[16] Iimi A. Escaping from the Resource Curse: Evidence from Botswana and the Rest of the World [J] . IMF Staff Papers, 2007, 54 (4): 663–699.

[17] Isham J., Woolcock M., Pritchett L., et al. The Varieties of Resource Experience: Natural Resource Export Structures and the Political Economy of Economic Growth [J]. The World Bank Economic Review, 2005, 19 (2): 141-174.

[18] James A., Aadland D. The Curse of Natural Resources: An Empirical Investigation of US Counties [J]. Resource and Energy Economics, 2011, 33 (2): 440-453.

[19] Kuznets S. Economic Development, the Family, and Income Distribution: Size and Age Structure of Family Households: Exploratory Comparisons [M]. Cambridge: Cambridge University Press, 1989: 305-321.

[20] Larsen E. R. Escaping the Resource Curse and the Dutch Disease? [J]. American Journal of Economics and Sociology, 2006, 65 (3): 605-640.

[21] Leite C. A., Weidmann J. Does Mother Nature Corrupt? Natural Resources, Corruption, and Economic Growth [R]. Imf Working Papers, 1999 (85/99).

[22] Leonard D. K., Straus S. Africa' s Stalled Development: International Causes and Cures [M]. Boulder, Colorado: Lynne Rienner Publishers, 2003.

[23] Libman A. Subnational Resource Curse: Do Economic or Political Institutions Matter? [R]. Working paper series, 2010.

[24] Maloney W. F. Innovation and Growth in Resource Rich Countries [R]. Working Papers Central Bank of Chile, 2002.

[25] Maloney W. F., Manzano O., Warner A. Missed Opportunities: Innovation and Resource-Based Growth in Latin America [with Comments] [J]. Economia, 2002, 3 (1): 111-167.

[26] Mehlum H., Moene K., Torvik R. Institutions and the Resource Curse [J]. The Economic Journal, 2006, 116 (508): 1-20.

[27] Papyrakis E., Gerlagh R. Resource Abundance and Economic Growth in the United States [J]. European Economic Review, 2007, 51 (4): 1011-1039.

[28] Papyrakis E., Gerlagh R. The Resource Curse Hypothesis and Its Transmission Channels [J]. Journal of Comparative Economics, 2004, 32 (1): 181-193.

[29] Perroux F. Economic Space: Theory and Applications [J]. Quarterly Journal of Economics, 1950, 64 (1): 89-104.

[30] Prebisch R. The Economic Development of Latin America and Its Principal problems [J]. Geographical Review, 1950, 2010 (1): 171-173.

[31] Ramey G., Ramey V. A. Cross-country Evidence on the Link between Volatility and Growth [R]. National bureau of economic research, 1994.

[32] Ravallion M. Evaluation in the Practice of Development [J]. Martin Ravallion, 2010, 24 (1): 29-53.

[33] Roodman David. How to Do Xtabond 2: An Introduction to "Difference" and "System" GMM in Stata [J]. 2009, 9 (1): 86-136.

[34] Rosser A. Escaping the Resource Curse: The Case of Indonesia [J]. Journal of Contemporary Asia, 2007, 37 (1): 38-58.

[35] Rostow W. W. The Stages of Economic Growth [M]. Cambrige: Cambrige University Press, 1991: 1-16.

[36] Sachs J. D., Warner A. M. Natural Resource Abundance and Economic Growth [R]. National Bureau of Economic Research, 1995.

[37] Sachs J. D., Warner A. M. The Curse of Natural Resources [J]. European Economic Review, 2001, 45 (4): 827-838.

[38] Schumpeter J. A. The Theory of Economic Development: An Inquiry into Profits, Capital, Credit, Interest, and the Business Cycle [M]. Cambridge: Harvard University Press, 1934: 50-102.

[39] Singer H. W. The Distribution of Gains between Investing and Borrowing Countries [J]. The American Economic Review, 1950, 40 (2): 473-485.

[40] Sobel R. S. Testing Baumol: Institutional Quality and the Productivity of Entrepreneurship [J]. Journal of Business Venturing, 2008, 23 (6): 641-655.

[41] Sollner K. Quantitative Aspects of the Economic Growth of Nations: II. Industrial Distribution of National Product and Labor Force [M] // Report on radiation and the quantum-theory, London: Fleetway press, 1961: 1211-1226.

[42] Stevens P. J. "Resource Curse" and How to Avoid It [J]. The Journal of Energy and Development, 2005, 31 (1): 1-20.

[43] Stijns J. P. Natural Resource Abundance and Human Capital Accumulation [J]. World Development, 2006, 34 (6): 1060-1083.

[44] Weinthal E., Luong P. J. Combating the Resource Curse: An Alternative Solution to Managing Mineral Wealth [J]. Perspectives on Politics, 2006, 4 (1): 35-53.

[45] Whiting S. H. Power and Wealth in Rural China: The Political Economy of Institutional Change [M]. Cambridge: Cambridge University Press, 2006.

[46] Wright G. The Origins of American Industrial Success, 1879-1940 [J]. The American Economic Review, 1990, 80 (4): 651-668.

[47] Zimmerman R. W. , Chen D. W. and Cook N. G. W. The Effect of Contact Area on the Permeability of Fractures [J] . Journal of Hydrology, 1992 (139): 79-96.

[48] 安树军 . 中国经济增长质量的创新驱动机制研究 [D] . 西安: 西北大学, 2019.

[49] 包海波, 林纯静 . 长三角城市群创新能力的空间特征及影响因素分析 [J] . 治理研究, 2019 (9): 33-40.

[50] 蔡昉 . 中国经济转型 30 年 [M] . 北京: 社会科学文献出版社, 2009.

[51] 蔡晓慧, 茹玉骢 . 地方政府基础设施投资会抑制企业技术创新吗? ——基于中国制造业企业数据的经验研究 [J] . 管理世界, 2016 (11): 55-66.

[52] 曹永利, 刘畅 . 俄罗斯利用自然资源制度对中国的启示 [J] . 俄罗斯研究, 2018 (1): 15-18.

[53] 常乐 . 创新投入、政府支持与区域创新关系研究——基于中国省际面板数据的分析 [D] . 郑州: 郑州大学, 2020.

[54] 钞小静, 任保平 . 中国的经济转型与经济增长质量: 基于 TFP 贡献的考察 [J] . 当代经济科学, 2008, 30 (4): 23-29.

[55] 钞小静, 任保平 . 中国经济增长结构与经济增长质量的实证分析 [J] . 当代经济科学, 2011 (6): 50-56.

[56] 陈亮, 冉茂盛 . 企业家精神如何影响区域创新效率? ——基于企业家精神的多维视角研究 [J] . 软科学, 2020 (12): 33-40.

[57] 陈柳, 刘志彪 . 本土创新能力、FDI 技术外溢与经济增长 [J] . 南开经济研究, 2006 (3): 90-101.

［58］陈琦，欧阳铭珂．中国区域创新能力的空间结构及大国雁阵模式［J］．湘潭大学学报（哲学社会科学版），2020（8）：11-19.

［59］陈启斐．进口服务贸易对我国制造业创新驱动影响的多维分析［D］．南京：南京大学，2014.

［60］陈庆江．政府科技投入能否提高企业技术创新效率？［J］．经济管理，2017（2）：27-36.

［61］陈维青．自然资源丰裕度与经济增长关系分析——基于省际层面数据［J］．生态经济，2012（12）：44-49.

［62］陈玉川．区域创新能力形成机理研究［D］．镇江：江苏大学，2012.

［63］程都．创新要素流动新趋势研究［J］．经济研究参考，2019（4）：19-23.

［64］大卫·李嘉图．政治经济学及税赋原理［M］．北京：华夏出版社，2005.

［65］董利红，严太华，邹庆．制度质量、技术创新的挤出效应与资源诅咒——基于我国省际面板数据的实证分析［J］．科研管理，2015，36（2）：88-95.

［66］杜栋，王锋正．资源产业依赖对我国西部地区技术创新能力的影响［J］．科技和产业，2015（1）：52-55.

［67］杜金岷，陈建兴．挤出效应还是促进效应？——房地产投资对区域创新的影响及异质性［J］．新疆社会科学，2020（4）：38-47.

［68］杜心灵．基于资源产业集群视角的区域创新能力研究［M］．成都：西南交通大学出版社，2018.

［69］冯江茹．人力资本对区域创新效率影响的实证研究［J］．技术经

济，2020（12）：55-62.

［70］高启杰．企业持续发展与技术创新能力评价理论研究［J］．经济纵横，2008（2）：92-95.

［71］顾新，王元地，杨雪．中国区域创新体系发展的理论与实践［M］．北京：经济管理出版社，2014.

［72］关春燕．自然资源依赖对城乡收入差距的影响研究［J］．中国农业资源与区划，2019（11）：56-62.

［73］关明文，孙华平，孙维峰．自然资源依赖、金融发展与技术创新［J］．煤炭经济研究，2020（5）：39-47.

［74］郭爱君，胡安军，王祥兵．资源型经济区产业路径依赖的形成机制、特性与破解［J］．经济问题探索，2017（10）：28-35.

［75］郭根龙，杨静．金融发展能缓解资源诅咒吗？——基于中国资源型区域的实证分析［J］．经济问题，2017（9）：47-52.

［76］郭建万，袁丽．自然资源丰裕、制度质量与经济发展关系的研究［J］．南方经济，2009（10）：29-35.

［77］郭京京，眭纪刚，郭斌，等．外商直接投资、产学研合作与地区创新绩效——来自中国省级面板数据的实证研究［J］．管理工程学报，2020（12）：23-32.

［78］郭启光．煤炭行业技术效率与全要素生产率增长研究——基于SBM 模型和 GML 指数［J］．数学的实践与认识，2018（14）：57-63.

［79］郭熙保．发展经济学经典论著选［M］．北京：中国经济出版社，1998.

［80］韩洪云，张志坚．“资源诅咒”传导机制：基于中国省际层面的实证分析［J］．干旱区资源与环境，2015，29（7）：1-6.

[81] 韩军辉，柳典宏 . R&D 投入、资源依赖与区域经济增长——基于门槛模型的实证研究［J］. 工业技术经济，2017（3）：139-146.

[82] 洪开荣，侯冠华 . 基于空间计量模型对“资源诅咒”假说的再检验［J］. 生态经济，2017（12）：29-35.

[83] 惠娟，谭清美 . 新时代背景下科技创新影响区域高质量发展作用机制［J］. 管理现代化，2021（3）：41-49.

[84] 江涛涛，马剑锋，赵明明，等 . 科技创新与区域经济发展［M］. 北京：经济管理出版社，2019.

[85] 蒋伟，赖明勇 . 空间相关与外商直接投资区位决定——基于中国城市数据的空间计量分析［J］. 财贸研究，2009，20（6）：6-16.

[86] 解学梅，刘晓杰 . 区域创新生态系统生态位适宜度评价与预测——基于 2009-2018 中国 30 个省市数据实证研究［J］. 科学学研究，2021（1）：55-63.

[87] 景普秋 . 资源型地区经济增长动力构成及转换研究［J］. 南开大学学报（哲学社会科学版），2016（3）：55-61.

[88] 瞿孙平 . 区域创新能力评价研究现状分析［J］. 时代金融，2014（12）：25-31.

[89] 雷海 . 内蒙古“资源诅咒”现象存在性检验、传导机制识别及破解路径设计［D］. 北京：对外经济贸易大学，2017.

[90] 李刚，李鹏丽 . 科技创新能降低煤炭资源依赖［J］. 煤炭技术，2020（5）：55-60.

[91] 李健，盘宇章 . 要素市场扭曲和中国创新能力——基于中国省级面板数据分析［J］. 中央财经大学学报，2018（7）：22-28.

[92] 李凯杰，曲如晓 . 技术进步对碳排放的影响——基于省际动态面

板的经验研究［J］．北京师范大学学报，2012（10）：8-15.

［93］李丽．资源依赖对区域创新的挤出效应及传导机制——企业创新需求实证研究［J］．科技进步与对策，2017（15）：42-48.

［94］李猛，黄庆平．“双循环”新发展格局下的创新驱动发展战略——意义、问题与政策建议［J］．青海社会科学，2020（12）：19-24.

［95］李强，暴丽艳，王跃婷．资源依赖对科研人员创新绩效的影响路径［J］．中国高校科技，2020（11）：6-17.

［96］李天籽．自然资源丰裕度对中国地区经济增长的影响及其传导机制研究［J］．经济科学，2007（6）：66-76.

［97］李庭辉，范玲．中国地区区域创新能力的实证研究［J］．统计与决策，2009（4）：75-77.

［98］李婷婷．风险投资集聚与城市创新能力实证研究［D］．上海：上海师范大学，2017.

［99］李威，黄顺武，喻鑫．FDI 对中国企业家精神的影响——基于制造业面板数据分析［J］．中央财经大学学报，2019（10）：29-36.

［100］李新安．区域创新能力对经济发展质量提升的驱动作用研究［J］．区域经济评论，2020（2）：65-70.

［101］李永，王砚萍，马宇．制度约束下政府 R&D 资助挤出效应与创新效率［J］．科研管理，2015（10）：71-79.

［102］林纯静．长三角城市群创新能力的空间特征及影响因素分析［J］．中共浙江省委党校，2019（9）：5-11.

［103］林燕华．破解中国式“资源诅咒”［J］．资源与产业，2014（2）：36-42.

［104］林毅夫．新结构经济学［M］．北京：北京大学出版社，2012.

［105］刘备，王林辉．创新要素空间流动对区域创新能力的影响：外地吸引与本地依赖［J］．求是学刊，2020（7）：44-51.

［106］刘斌，刘颖，曹鸿宇．外资进入与中国企业创新：促进还是抑制［J］．山西财经大学学报，2021（3）：19-25.

［107］刘丹，姚平．资源型城市产业转型中的创新协同驱动路径分析［J］．管理现代化，2011（12）：30-38.

［108］刘海英，赵英才．中国经济增长中人力资本积累的均衡性选择［J］．中国软科学，2005（9）：66-72.

［109］刘锴，周雅慧，王嵩，等．创新驱动下中国区域高质量发展——基于平衡充分发展水平的门槛分析［J］．技术经济，2020（12）：45-54.

［110］刘那日苏．资源型地区创新驱动发展研究［M］．北京：经济管理出版社，2019.

［111］刘庆岩，孙早．私营企业发展中的资源开发效应——基于中国1998-2016年省际面板数据的经验分析［J］．中国工业经济，2019（6）：119-129.

［112］刘汝浩．新发展格局视域下区域产业结构优化与居民消费升级协同发展——基于技术创新中介效应的实证［J］．商业经济研究，2021（4）：55-59.

［113］刘耀彬，黄梦圆．城市化进程中的“资源尾效”和“资源诅咒”——基于中国27个煤炭城市的面板数据分析［J］．华东经济管理，2015（1）：29-38.

［114］柳卸林，杨博旭，肖楠．我国区域创新能力变化的新特征、新趋势［J］．中国科学院院刊，2021（1）：10-17.

［115］柳卸林．中国区域创新能力的分布及成因分析［J］．重庆商学院

学报，2002（6）：3-5.

［116］吕薇．区域创新驱动发展战略：制度与政策［M］．北京：中国发展出版社，2014.

［117］吕一清，吉媛．经济政策不确定性、区域经济复杂度与企业创新行为［J］．科技进步与对策，2021（1）：33-40.

［118］罗倩文，许秀川．重庆市产业结构、能源消费与经济增长关系的实证研究［J］．西南大学学报，2008（1）：67-73.

［119］马宇，杜萌．对资源诅咒传导机制的实证研究——基于技术创新的视角［J］．经济学动态，2013（1）：88-93.

［120］迈克尔·波特．国家竞争优势［M］．北京：华夏出版社，2002.

［121］毛明芳．打造具有核心竞争力的科技创新高地——基于区域创新能力建设的视角［J］．湖南社会科学，2021（1）：44-51.

［122］孟望生，张扬．自然资源禀赋、技术进步方式与绿色经济增长——基于中国省级面板数据的经验研究［J］．资源科学，2020（12）：55-67.

［123］彭佑元，程燕萍，梅文文，等．资源型产业与非资源型产业均衡发展机理——基于合作创新的演化博弈模型分析［J］．经济问题，2016（2）：39-46.

［124］曲永义．资源环境约束与区域技术创新［M］．北京：人民出版社，2009.

［125］邵帅，范美婷，杨莉莉．资源产业依赖如何影响经济发展效率？——有条件资源诅咒假说的检验及解释［J］．管理世界，2013（2）：32-63.

［126］邵帅，齐中英．西部地区的能源开发与经济增长——基于“资源

诅咒”假说的实证分析［J］．经济研究，2008（4）：147-160.

［127］邵帅，齐中英．自然资源富足对资源型地区创新行为的挤出效应［J］．哈尔滨工程大学学报，2009（12）：140-150.

［128］邵帅，齐中英．自然资源开发、区域技术创新与经济增长——一个对资源诅咒的机理解释及实证检验［J］．中南财经政法大学学报，2008（4）：3-9.

［129］邵帅，杨莉莉．中国如何摆脱“资源诅咒”［J］．社会科学学报，2011（11）：3-5.

［130］邵帅，杨莉莉．自然资源丰裕、资源产业依赖与中国区域经济增长［J］．管理世界，2010（9）：26-44.

［131］沈晓燕．我国城镇居民基本医疗保险对储蓄挤出效应区域差异研究［D］．广州：广州中医药大学，2017.

［132］史洁，李强．资源依赖、科技市场与科研人员创新绩效［J］．经济问题，2020（2）：23-29.

［133］宋德勇，杨秋月．环境规制打破了“资源诅咒”吗？——基于跨国面板数据的经验分析［J］．中国人口·资源与环境，2019（10）：34-42.

［134］宋帅邦．中国区域创新能力评价研究［J］．技术经济与管理研究，2020（12）：23-29.

［135］苏晓燕，曾波．中国产业结构变动的能源消费影响——基于灰色关联理论和面板数据计量分析［J］．资源与产业，2006（6）：55-61.

［136］苏迅．资源贫困：现象、原因与补偿［J］．中国矿业，2007，16（10）：11-14.

［137］苏屹，林周周．自有知识、知识溢出与区域创新产出［J］．科研管理，2021（1）：56-62.

［138］孙华平，李奇．老龄化、资源依赖与技术创新——基于全球跨国面板的实证分析［J］．生态经济，2021（2）：55-68.

［139］孙焱林，李格，石大千．西部大开发与技术创新：溢出还是陷阱？——基于PSM-DID的再检验［J］．云南财经大学学报，2019（6）：39-47.

［140］孙艺璇，程钰，刘娜．中国经济高质量发展时空演变及其科技创新驱动机制［J］．资源科学，2021（1）：29-36.

［141］孙毅．资源型区域科技创新的挤出效应——基于山西的实证［J］．统计与决策，2012（10）：55-61.

［142］孙永平，叶初升．自然资源丰裕与产业结构扭曲：影响机制与多维测度［J］．南京社会科学，2012（6）：3-15.

［143］汤铎铎，刘学良，倪红福，等．全球经济大变局、中国潜在增长率与后疫情时期高质量发展［J］．经济研究，2020（8）：5-11.

［144］提旭．社会保险缴费对劳动力需求的挤出效应分析［D］．南昌：江西财经大学，2015.

［145］田红娜．中国资源型城市创新体系营建研究［D］．哈尔滨：东北林业大学，2007.

［146］田颖，刘林．我国资源型地区经济可持续增长问题研究——基于技术进步视角的再分析［J］．生态经济，2019（5）：62-70.

［147］万建香，梅国平．社会资本、技术创新与“资源诅咒”的拐点效应［J］．系统工程理论与实践，2016（2）：41-49.

［148］万建香，汪寿阳．社会资本与技术创新能否打破“资源诅咒”？——基于面板门槛效应的研究［J］．经济研究，2016（12）：59-64.

［149］万月．贫困代际传递的影响因素及其政策研究［D］．北京：中

国社会科学院，2019.

［150］王丰阁，刘敏．区域创新系统与中国产业结构转型升级［M］．武汉：华中科技大学出版社，2018.

［151］王嘉懿，崔娜娜．“资源诅咒”效应及传导机制研究——以中国中部36个资源型城市为例［J］．北京大学学报，2018（9）：23-30.

［152］王品一．内蒙古资源型产业转型升级研究［D］．呼和浩特：内蒙古财经大学，2018.

［153］王伟光，吉国秀．区域创新与变革：路径依赖抑或地方突破［M］．北京：经济管理出版社，2014.

［154］王雅洁，张淼．中国省域知识溢出对区域创新的影响研究——基于吸收能力的视角［J］．华东经济管理，2020（8）：39-45.

［155］王钺，胡春阳．经济内循环背景下要素流动对区域创新质量空间收敛的影响研究［J］．宁夏社会科学，2020（11）：11-19.

［156］韦铁．资源约束区域技术创新生态系统研究——以广西北部湾经济区为例［M］．北京：科学出版社，2016.

［157］魏巍，符洋，杨彩凤．科技创新与经济高质量发展测度研究——基于耦合协调度模型［J］．经济问题，2020（2）：23-29.

［158］魏学文．创新驱动资源型产业转型升级的作用机理及路径研究［D］．唐山：华北理工大学，2020.

［159］谢呈阳，胡汉辉．中国土地资源配置与城市创新：机制讨论与经验证据［J］．中国工业经济，2020（12）：34-43.

［160］谢千里，罗斯基，郑玉歆，等．所有制形式与中国工业生产率变动趋势［J］．数量经济技术经济研究，2011，18（3）：5-17.

［161］徐浩，张美莎．营商环境、关系型融资与技术创新［J］．当代财

经，2019（12）：57-63.

［162］徐康宁，王剑．自然资源丰裕程度与经济发展水平关系的研究［J］．经济研究，2006（1）：78-89.

［163］薛雅伟，张剑，云乐鑫．资源产业空间集聚、传导要素萃取与“资源诅咒”中介效应研究［J］．中国管理科学，2019（3）：11-19.

［164］薛泽帅．资源产业依赖与经济增长的关系研究［D］．太原：山西财经大学，2019.

［165］杨皓然．“资源诅咒”的生态经济学［J］．内蒙古社会科学，2011（2）：29-36.

［166］姚予龙，周洪，谷树忠．中国资源诅咒的区域差异及其驱动力剖析［J］．资源科学，2011，33（1）：18-24.

［167］姚毓春，范欣．有条件资源诅咒在中国存在吗?［J］．吉林大学社会科学学报，2014（5）：9-16.

［168］姚云浩，高启杰．我国区域产学研合作效率评价——基于省际数据的 DEA-Tobit 分析［J］．科技和产业，2014（1）：35-44.

［169］于立宏，王艳．国有产权对绿色技术创新是促进还是挤出？——基于资源型产业负外部性特征的实证分析［J］．南京财经大学学报，2020（5）：66-72.

［170］曾波，苏晓燕．中国产业结构变动的能源消费影响——基于灰色关联理论和面板数据计量分析［J］．资源与产业，2006，8（3）：109-112.

［171］张复明，景普秋．资源型经济的形成：自强机制与个案研究［J］．中国社会科学，2008（5）：117-130.

［172］张丽，盖国凤．煤炭产业依赖对全要素生产率影响研究——基于有条件“资源诅咒”假说［J］．财经问题研究，2020（3）：34-40.

［173］张丽．煤炭产业依赖对全要素生产率影响研究——基于有条件“资源诅咒”［D］．长春：东北师范大学，2020.

［174］张琳．区域创新体系建设国际经验［J］．信息系统工程，2015（11）：56-63.

［175］张明斗．政府激励方式对高新技术企业创新质量的影响研究——促进效应还是挤出效应？［J］．西南民族大学学报（人文社会科学版），2020（5）：76-85.

［176］张宁亭．自然资源丰裕度指标的讨论及实证检验［J］．中国地质大学学报，2016（2）：45-49.

［177］张其仔．“十四五”时期我国区域创新体系建设的重点任务和政策思路［J］．经济研究参考，2020（9）：29-36.

［178］张秋凤，牟绍波．新发展格局下中国五大城市群创新发展战略研究［J］．区域经济评论，2021（2）：69-72.

［179］张薇薇．资源依赖于经济增长的非线性关系——基于国际动态面板数据［J］．改革与战略，2015（7）：16-25.

［180］张鑫，梁佩云，陈茹茹．区域科技服务业服务创新能力评价——基于改进的 CRITIC-VIKOR 法［J］．科技管理研究，2020（6）：50-58.

［181］张玉华，陈雷．政府科技投入对技术创新影响的区域性差异分析［J］．统计与决策，2019（2）：23-29.

［182］赵辉．资源开发对资源型经济的影响机制分析［J］．科技管理研究，2015（11）：57-62.

［183］赵康杰，景普秋．资源依赖、有效需求不足与企业科技创新挤出——基于全国省域层面的实证［J］．科研管理，2014（12）：42-50.

［184］赵康杰，刘育波．产业链与创新链互动促进资源型区域产业转型

研究——以山西省为例［J］．煤炭经济研究，2019（12）：55-60.

［185］郑彩玲，张继彤．高铁开通对城市创新质量的影响——基于PSM-DID模型的实证研究［J］．技术经济，2021（2）：24-30.

［186］郑猛，罗淳．论能源开发对云南经济增长的影响［J］．资源科学，2013（10）：44-50.

［187］郑婷婷．资源诅咒、产业结构与绿色经济增长研究［D］．北京：北京邮电大学，2019.

［188］郑周胜，朱万里．资源依赖、制度安排与区域创新能力——基于空间杜宾模型［J］．当代金融研究，2019（3）：36-42.

［189］中国科技发展战略研究小组．2019年中国区域创新能力评价［M］．北京：科学技术文献出版社，2009.

［190］周平录．财政分权、政府补贴与区域创新绩效［D］．北京：对外经济贸易大学，2020.

［191］朱万里，郑周胜．自然资源、人力资本与区域创新能力——基于空间面板计量模型的分析［J］．科学管理研究，2018（3）：23-30.

［192］庄贵阳，窦晓铭．新发展格局下碳排放达峰的政策内涵与实现路径［J］．新疆师范大学学报，2021（3）：33-40.